인생에
세 번
기회를
만나다

一生三会 YI SHENG SAN HUI

by 陶尚芸 TAO SHANG YUN

Copyright ⓒ 2014 by 陶尚芸(TAO SHANG YUN)

All rights reserved.

Korean translation copyright ⓒ 2016 by RH Korea Co., Ltd.

Korean language edition arranged with Beijing BoCai Yaji Culture Media Limited
Company through Eric Yang Agency.

이 책의 한국어판 저작권은 에릭양 에이전시를 통한
BEIJING BOCAI CULTURE MEDIA LIMITED COMPANY 과의 독점계약으로
한국어 판권을 ㈜알에이치코리아가 소유합니다.
저작권법에 의하여 한국 내에서 보호를 받는 저작물이므로, 무단전재와 복제를 금합니다.

인생에 세번 기회를 만나다

평범한 사람도 성공하게 만드는 힘

타오샹윈 지음 ― 이현미 옮김

RHK
알에이치코리아

차례

1부

신뢰와 호감을 사는 말

인생을 홀로 사는 이는 없다. 누군가와 관계를 맺고 대화를 나누게 된다. 언변이 좋은 사람은 환영받지만, 말주변이 없어 의사표현을 제대로 못하는 사람은 조롱을 당하거나 거절당하기 일쑤다. 말은 삶에서 가장 기본적이고 중요한 능력이다. 어디서도 환영받는 달변가가 되어보자.

1장

말이
금이 되게 하는
화술

계약 성사를 부르는 한마디, 승진을 이루는 한마디, 문제 해결의 한마디가 있다. 현대 사회에서 유창한 화술과 지적 능력은 인생의 성패에 큰 영향을 미친다. '인재가 다 말주변이 뛰어난 것은 아니지만 달변가는 모두 다 인재다.'는 말처럼 말을 잘하면 성공은 멀지 않다.

누구와
대화하는지가
중요하다

'신을 보고 향을 피우고 사람을 보고 일을 한다.'는 말처럼 대화할 때는 먼저 상대방을 파악해야 한다. 특히 낯선 사람을 만나면 먼저 그 사람의 언행을 통해 어떤 사람인지 파악해야 원만하게 대화를 이어갈 수 있다. 낯선 이를 만날 때는 섣불리 대화를 시도하기보다는 먼저 들어주자. 상대방의 기분이 좋지 않아 말수가 적고 대화를 원하지 않는다면 말을 적게 하거나 아예 하지 않는 것도 방법이다.

임기응변은 세상살이를 위한 처세술이다. 만약 시간과 장소, 상황에 따라 적절한 대화를 이끌어갈 수 있다면 당신은 이미 높은 경지에 도달한 사람이다. 상대를 정확하게 파악해 원활히 대화를 이끌어갈 수 있다면 대화는 즐거워진다. 이런 대화 솜씨를 배워보자.

상대를 정확하게 파악하자

상대도 파악하지 않은 채 이루어지는 대화는 과녁 없이 활을 쏘거나, 청중을 보지 않는 연주와 같다. 대화를 통해 좋은 결과를 얻을 수도 없다. 대화는 먼저 상대의 신분과 직업, 경력과 학력, 그리고 성격과 기분 등을 파악한 뒤 이뤄져야 한다.

자주 회자되는 일화를 살펴보자.

명태조 주원장은 젊은 시절 건달이었다. 가난했던 어린 시절 함께 소를 몰며 사귄 친구 둘이 황제가 된 주원장을 찾아왔다. 첫 번째 친구는 궁으로 들어와 그에게 물었다.

"황제는 저를 기억하십니까? 갈대가 핀 호숫가에서 훔친 콩을 솥에 삶고 있었는데 황제께서 그걸 빼앗아 먹으려 솥을 깨버렸지요. 국물이 바닥으로 엎어지자 땅에 떨어진 콩을 허겁지겁 주워 먹느라 흙도 먹고 잡초에 목이 막혔었죠. 제가 채소를 넘겨서 막힌 부분을 내려가게 하지 않았더라면 큰일 날 뻔했습니다."

그의 말에 황제의 체면이 말이 아니게 되었다. 황제는 얼른 사람을 시켜 그를 바깥으로 내쫓았다.

두 번째 친구는 궁으로 들어와 고개 숙여 절한 뒤 전혀 다른 이야기를 풀어놓았다.

"황제 폐하 만세! 과거 소신이 폐하를 따라다닐 때 말을 타고 로주(卢州 갈대가 핀 호수)로 가서 솥 성을 침공하였습니다. 성주는 도망가버렸지만, 황제는 두(豆 콩)장군을 잡았습니다. 붉은 아이들(紅)이 목을 잡고 공격했지만, 다행히 채(蔡 풀)장군이 이를 격퇴해 전투에서 대승을 거둘 수 있었습니다."

주원장은 부끄러운 과거사를 잘 포장하는 말솜씨를 높이 사 그를 즉시 어림군(御林軍) 총관에 임명했다.

같은 이야기라도 어떻게 하느냐에 따라 쫓겨나는 사람이 있고 관직을 얻는 사람이 있다. 말은 어떻게 하는가에 따라 그 결과가 크게 다르다. 상대를 고려하지 않은 대화는 상대의 기분을 상하게 할 뿐 아니라 크게는 인생에 걸림돌이 될 수 있다. 생활이든 업무에서든 상대를 정확히 파악해 적절하게 말하는 솜씨가 필요하다.

상대에게 대화 수준을 맞추자

대화의 목적은 의사전달과 소통이다. 이 때문에 소통의 과정에서 슬기로운 대처가 필요하다. 그중 당신이 무슨 이야기를 하는지 상대방에게 주지

시키는 작업이 가장 중요하다.

공자가 제자들을 데리고 강연을 나갔다. 한 마을에서 고삐가 풀린 공자의 말이 주변 농장의 보리를 망가뜨리자 주인은 말을 잡아 묶어놓았다. 제자 자공(子貢)은 자신만만하게 그 농부를 찾아갔다. 하지만 그의 말은 너무 고상해서 농부는 당최 알아들을 수 없었다.

다시 입문한 지 얼마 되지 않은 제자가 농부에게 가서 웃는 얼굴로 말을 꺼냈다.

"말이 농작물에 가까이 갔으니 먹지 않고는 못 배겼을 것입니다. 후에 당신의 소가 저의 농작물을 먹을 수도 있는 일이니 서로 조금씩 양보하는 것이 어떨까 합니다."

농부가 그의 말을 듣고는 공자에게 말을 돌려주며 말했다.

"지금처럼 이야기해야 말을 잘하는 사람이지, 그전 사람 말은 하나도 못 알아듣겠소."

위의 이야기를 통해 우리는 한 가지 사실을 알 수 있다. 상대의 수준을 고려해 대화를 시도해야 한다. 교육 수준이 높은 사람과 말할 때는 어려운 단어를 쓰더라도 그렇지 못한 사람과 대화할 때는 평범하고 알기 쉬운 단어를 사용해 상대방이 이해하기 쉽도록 대화를 이끌어야 한다.

대화의 첫걸음은
경청하는 것

하느님이 우리에게 귀 두 개와 입 하나를 주신 이유는 적게 말하고 많이 들으라는 뜻이 있기 때문이다. 말을 잘하는 사람은 모두 잘 듣는 사람이다. 잘 들어주는 사람이야말로 대화 능력이 뛰어난 사람이다. 경청은 상대를 존중하는 첫걸음이고 동시에 자신이 예의 바르고 겸손한 사람임을 나타내는 표시이다. 그리고 경청은 상대에게 보내는 무언의 찬사이기도 하다. 올바른 대화는 양방향이다. 말하는 사람만 있고 듣는 사람이 없다면 대화가 아니라 내지르는 소리에 불과하다. 듣는 사람도 없이 말하길 원하는 사람은 없다. 누구나 자신의 이야기를 잘 들어주기를 원한다. 따라서 우리는 먼저 대화를 나눌 때 잘 들어주는 사람이 되어야 한다. 끼어들거나 끊지 말고 세심히 들어주자. 인내심 있게 성실히 들어준다면 당신은 그의 좋은 친구가 될 수 있다.

잘 듣는 습관을 기르려면 무엇부터 시작해야 할까? 쉴 새 없이 떠들기보다는 조용히 듣기만 해도 좋은 관계를 만들기 쉬워진다. 이때 조용히 고개를 끄덕여준다면 생각지도 못한 수확이 있을 수 있다. 대화할 때에는 훌륭한 청중이 되자.

귀로만 듣지 말고 이해하며 듣자

상대가 이야기를 하는데 듣는 둥 마는 둥 한다면 좋은 결과를 기대할 수 없다. 그럼 잘 들어주기만 하면 되는가? 그렇지 않다. 무슨 이야기를 하는지 이해하며 듣자.

대화의 이해란 내용을 적극 받아들이고 처리하는 과정을 말한다. 즉, 자신이 가지고 있는 지식과 경험을 총동원해 전면적으로 분석해야 한다. 동시에 대화 내용의 배경을 참고해 정보를 수집하는 과정이 필요하다. 대화의 장소가 어딘지에 따라 화자가 의도하는 바를 숨기고 이야기할 수도 있기 때문이다. 대화에서 오가는 내용만 듣고 판단한다면 화자의 의도를 파악하지 못해 문제가 생길 수 있다.

대화 동기를 파악하라

칭찬이나 험담이 오가든 아니면 해결할 문제를 논의하는 대화에는 동기가 있게 마련이다. 동기가 선의든 악의든, 동기가 드러나 있든 숨어 있든, 객관적이든 주관적이든, 어떤 경우라도 듣는 사람이라면 항상 좋은 쪽으로 이해하려는 자세가 필요하다. 상대의 동기가 무엇인지를 객관적으로 그리고 좋은 쪽으로 파악하려는 노력이 있어야 한다.

그렇다면 어떻게 상대의 동기를 파악할 수 있을까? 말하는 사람과 상황을 살펴야 한다. 성격이 쾌활해서 즉흥적으로 말하는 사람과 대화를 나눌 때 군이 동기를 파악하며 들어야 할까? 남이 지적을 할 때는 선의에서 나온 충고로 생각하고 들어보자. 섣부른 의심보다는 건설적인 동기를 찾으려 노력해야 한다. 평소와는 다른 격한 언어와 비이성적인 태도로 대화가 오간다고 하더라도 상대가 악의를 가지고 있다는 판단은 금물이다. 심적인 문제가 상대의 대화 동기에 좋지 못한 영향을 미쳤다고 생각해보자. 먼저 처지를 바꿔 상대가 무엇 때문에 충동적으로 변했는지 생각해보고, 상대방이 원인을 이야기할 수 있게 유도해볼 수 있다.

센스 있게
사실을 전달하는 법

이런 중국 속담이 있다. '말 한마디로 웃게 할 수도, 놀라게 할 수 있다.' 같은 목적이라 해도 어떻게 전달하느냐에 따라 결과는 달라진다. 일반적인 상황이라면 솔직한 태도가 가장 좋을 것이다. 하지만 특정한 상황에서는 상대의 체면을 지켜주어야 할 때가 있고 비밀스러운 이야기가 오갈 수 있다. 따라서 사실을 이야기하더라도 센스 있게 말하는 스킬과 나쁜 말도 좋게 포장하는 기술이 있어야 한다. 아무리 사실이라도 상대가 어떻게 느낄지 고려하지 않고 내뱉는 말은 상대의 자존심을 건드려 불필요한 다툼을 부를 수 있다.

아래의 일화를 살펴보자.

어느 날 중년 남성이 한 손으로 얼굴을 가리고 약국으로 들어오는데 무척 아파 보였다. 남자는 약국에서 일하는 남자 직원에게 치통에 효과 빠른 약이 있느냐고 물었다. 직원은 어떤 약을 건네주면서 설명했다.

"이 약은 주로 암환자나 큰 수술을 한 환자들에게 처방하는데, 아주 효과가 좋은 진통제입니다."

그는 특히 암환자에게 효과가 좋다는 점을 재차 강조했다. 중년 남성은 그 설명을 듣고는 버럭 화를 냈다.

"약을 어떻게 파는 거야? 이가 아프다는데 암 치료제를 주는 건 나보고 암에 걸리라는 소린가?"

중년 남성이 씩씩거리며 약국을 나서려 할 때 여자 직원이 그 약을 보면서 설명했다.

"이건 미국에서 개발한 신약입니다. 약 성분은 진통제랑 비슷하지만, 복용량이 적어 부작용이 거의 없고 신체에 주는 부담도 덜하답니다. 체력이 약한 암환자들에게 임상시험을 했는데 효과가 아주 좋았습니다."

중년 남성은 이 설명을 듣고 다시 몸을 돌렸다.

"내가 여러 진통제를 써봤는데 당신이 말한 이 약이 더 좋다면 효과도 당연히 더 뛰어나겠죠?"

여직원은 웃으면서 대답했다. "그럼요, 저만큼 전문가이신데요. 좀 더 정확하게 설명하자면, 이 약은 기존에 드셨던 약의 성능이 좀 더 향상된 거라 보시면 됩니다."

센스 있는 대화란 사실을 어떻게 포장해서 표현하느냐에 달려 있다. 인간관계가 갈수록 복잡해지는 사회 환경 속에서 사람들의 교양 수준이나 성향이 천차만별이기 때문에 결과와 효과를 고려한 대화법이 필요하다. 꾸밈없는 대화를 원하더라도 센스 있는 대화법은 배울 필요가 있다. 예쁘게 포장된 솔직한 표현으로 상대를 높이는 대화를 한다면 당신이 얻는 이익도 커진다.

마음 다치지 않게 말하기

대화할 때 하고 싶은 대로 다 말할 수는 없다. 해도 될 말과 하지 말아야할 말을 가리는 '혜안'이 필요하다. 어떤 일로 손해를 보게 되었다면 그 원인이 잘못된 말에서 비롯되는 경우가 허다하다.

사무직원인 딩씨는 이 '혜안'이 없는 사람 중 하나다. 누군가 어떤 사안에 대해 의견을 구해오면 그녀는 종종 상대에게 상처 주는 말을 하거나 심지어 단점을 들춰내기도 했다. 새 옷을 입고 온 여직원에게 다들 예쁘다거나 잘 어울린다는 칭찬을 할 때였다.

딩씨는 '별로야, 이런 색은 당신한테는 너무 화려해. 살이 쪄서 옷이 작아 보이기도 하고.' 같은 말로 여직원의 기분을 상하게 할 뿐만 아니라 다른 사람의 마음마저 불편하게 만들었다.

딩씨는 직설적이고 솔직한 대화 스타일 때문에 동료와 부딪히는 일이 많았다. 이런 대화가 계속 오간다면 동료는 자연히 그녀를 멀리할 것이고, 결국 누구도 그녀와 대화하기를 원치 않을 것이다.

누구든 솔직한 대화를 원한다. 하지만 몸에 좋은 약은 입에 쓰고 충언은 귀에 거슬리기 마련이다. 모두가 상대방이 솔직하기를 원하지만 지나친 솔직함은 불만을 살 수 있다. 상대의 마음을 다치게 하지 않겠다는 원칙을 세우고 말을 하기 전에 먼저 그 결과를 헤아려보자.

대화도 잘 포장해야 한다

솔직한 말에는 가시가 있어 포장이 필요하다. 포장은 화기애애한 분위기를 조성하고 좋은 결과를 가져다준다. 결혼식의 신부가 노처녀에 평범한 외모더라도 '화장한 모습이 정말 예쁘다.' 정도의 말은 해야 한다. 하지만 상대를 더 추켜세우겠다고 '화장하니 원래 얼굴보다 예쁘다.' 같은 말은 분위기를 망칠 수 있다.

문장부호는 그 생김이 미미하지만, 그 역할은 작지 않다. 루쉰 선생이 활동하던 시대에는 출판업계가 문장부호를 그다지 중요하게 생각지 않아 고료를 줄 때 문장부호를 매절 계산에 넣지 않았다. 하루는 루쉰이 모 출판사의 원고 청탁을 받았다. 이 출판사는 문장부호를 계산에 넣지 않는다는 사실을 아는 그는 글에 있는 모든 문장부호를 없애고 원고를 보냈다. 편집장은 원고를 본 뒤 어디서 글을 끊어 읽어야 할지 난해하다며 문장부호를 넣어달라고 요청했다. 루쉰은 단락을 나누고 문장을 만들 때 문장부호는 꼭 필요한 요소이니 당연히 고료에 포함되어야 한다고 말했다. 출판사는 하는 수 없이 루쉰의 의견을 받아들여 고료 계산에 문장부호를 포함했다.

루쉰은 고료 계산에 문장부호도 당연히 포함해야 한다고 생각했지만, 출판사와 직접 이야기하는 방법을 쓰지 않고 출판사 스스로 깨달을 수 있게 일을 풀어나갔다. 그는 편집자와 감정이 상하는 상황을 막고 출판사와의 관계도 유지했다. 무릎을 탁 치게 하는 해결책이란 이런 게 아닐까 싶다.

진실한 대화 가운데서도 듣기 거북한 부분이 있다면 듣기 좋게 포장하

는 기술도 필요하다. 잘 포장된 대화는 좋은 인간관계에 이상적인 효과가
있기 때문이다.

어디서든 환영받는 대화 스킬

대화를 해보면 친절한 말투로 호감을 사는 사람도 있지만, 분
위기를 불편하게 만들어 당장 자리를 뜨고 싶게 만드는 사람도 있다. 친
절하고 상냥한 대화는 사람을 편안하게 만들지만 차갑고 딱딱한 말투는
사람을 불편하게 만든다. 환영받는 사람이 되기 위한 대화 기술에는 어떤
것이 있을까? 몇 수 배워보자.

먼저 생각하고 말해라

말하기 전에 자신이 할 말을 먼저 생각해보자. 여기에는 두 가지 장점이 있
다. 첫째는 지피지기(知彼知己)이다. 자신의 성격과 기질 그리고 심적 기분
을 정확하게 판단해 선을 넘지 않는 대화를 할 수 있고 동시에 상대방의 성
격과 취미, 취향 등을 파악할 수 있다. 둘째는 대화의 내용이나 질문하는
태도 그리고 말투를 계산하면서 대화할 수 있다는 것이다. 준비 없는 대화
나 주제에 빗겨나간 질문은 상대방에게 교양 없는 사람이라는 인식을 심
어줄 수 있다는 사실을 잊지 말자. 무식한 사람과 대화하려는 사람은 없다.

말에 진심을 담아라

소통할 때에는 자신의 이익과 상대의 이익을 함께 고려해야 한다. 그러려면 대화에 진심이 담겨야 한다. 윈스턴 처칠은 이렇게 말했다.

"상대를 감동하게 하려면 먼저 자신이 감동해야 하고, 남을 울리려면 자신이 먼저 눈물을 흘릴 수 있어야 한다. 그리고 믿음을 얻으려면 자신부터 믿음을 가져야 한다."

우리는 이 말을 통해서 진심의 중요성을 알 수 있다. 말에 담긴 진심이 부족하다면 상대는 당신을 신뢰할 수 없어 대화는 실패한다.

비행기 이륙 전에 한 승객이 약을 먹으려고 승무원에게 물 한 잔을 부탁했다. 승무원은 비행가 이륙하면 물을 가져다주겠다고 말했다.

비행기가 이륙한 후 20여 분이 지나 안정적인 비행을 하고 있는데도 승무원이 자신에게 한 약속을 지키지 않자 승객은 호출 벨을 눌렀다. 그제야 물을 가져다주기로 한 일이 생각난 승무원은 얼른 물 한 컵을 승객에게 건네며 웃는 얼굴로 사과했다.

"죄송합니다. 약 드셔야 하는 시간을 놓치셨죠? 정말 죄송합니다."

하지만 화가 단단히 난 승객은 그녀의 사과를 받아들이지 않았다.

"서비스가 정말 엉망이군요! 신고하겠어요!"

이후 승무원은 그의 옆을 지날 때마다 미소를 지으며 필요한 게 없는지 물었지만, 그의 화는 쉽게 풀리지 않았다. 비행 중 승무원은 열두 번이나 그의 곁으로 와서 진심 어린 서비스를 제공했다.

비행기가 착륙 준비를 할 때 그는 승무원에게 메모지를 달라고 요청했다. 승무원은 메모지를 건네면서 다시 한 번 미소 띤 얼굴로 그에게 사과했다.

"선생님, 다시 한 번 사죄드리겠습니다. 어떤 의견을 주시든 저는 겸허히 받아들이겠습니다."

그 승객은 잠시 머뭇거리다 메모지에 글을 썼다. 승객이 비행기에서 내린 후 승무원은 메모지를 열어보았다. 자신을 신고하는 내용이 담겨 있을 거라 예상했지만, 내용은 전혀 달랐다. 놀랍게도 메모지에는 칭찬하는 내용이 담겨 있었다.

"사실 저는 그녀를 고발하는 내용을 남기려 했지만, 당신이 보여준 진심 어린 태도와 열두 번의 미소가 제 생각을 완전히 바꾸어놓았습니다."

적절한 언사와 진심 어린 태도로 우리는 언제든지 상대의 신임을 얻고 신뢰 관계를 만들 수 있다. 이야기 속 승무원은 자신의 실수를 구차하게 변명하기보다는 진심 어린 태도로 고객에게 사과했고 결국 칭찬을 받았다.

말의 매력은 유창한 언변에 있기보다는 얼마나 진심을 잘 표현하는가에 달려 있다. 우리는 막힘없이 물 흐르는 듯 말하는 사람에게 언변이 좋다는 칭찬을 한다. 하지만 진심이 담겨 있지 않은 화려한 말은 향기 없는 조화와 다를 바 없다. 이런 말로는 사람의 마음을 열 수 없다. 따라서 우리는 평범한 대화를 할 때에도 진심 어린 태도로 마음이 상대에게 전달되고 있는지를 생각해야 한다. 상대가 당신의 진심을 느낄 수 있어야 비로

소 마음의 문을 열고 당신의 말을 경청할 것이다.

구체적으로 칭찬하라

세상은 넓고 사람은 많다. 유명한 사람도 많고 평범한 사람도 많다. 하지만 우리 주변에 세상을 놀라게 할 만큼 큰일을 하는 사람이 많은 건 아니다. 정말 똑똑한 사람은 상대의 소소한 좋은 점을 찾아내 칭찬한다. 소소한 부분을 구체적으로 칭찬할 때 그 효과는 더 커진다. 방대하고 추상적인 칭찬은 효과가 미미하다. 다른 이를 칭찬할 때에는 구체적으로 칭찬하자.

"빌, 오늘 옷이 참 근사해요. 넥타이가 검정 슈트에 잘 어울리네요."

이렇게 표현하는 사람도 있다.

"빌, 오늘 옷 보기 좋아요."

두 말을 비교해보자. 빌의 마음을 움직이는 말은 전자이다. '메리, 당신은 상대방이 스스로 중요한 사람이라고 생각하게 하는 힘을 가지고 있어요.' 같은 칭찬이 '다른 사람과 잘 지내는군요.' 같은 칭찬보다 더 큰 힘을 가진다.

샤오완은 의류 판매장의 신입사원이다. 어느 날 그녀는 신상 의류에서 바느질 문제를 발견하고 쉬는 시간에 얼른 수선해서 그 부분을 잘 안 보이는 모서리 쪽으로 옮겨놓고 수선한 부분은 액세서리를 달아 가렸다.

교대하던 매니저가 그녀를 불러 편지 봉투를 건넸다. '식사 시간에 그런

좋은 작품을 만들어놓다니! 멋지게 탈바꿈한 그 옷을 보고 감동했어요. 고마워요. 이건 상여금이에요.'

샤오완은 과분한 칭찬을 받았다는 생각이 들 정도였다. 그 후로 그녀는 어디에서건 매니저가 세심하고 예리한 안목을 가졌다고 칭찬했다. 그리고 작은 선행도 알아주는 회사에 다닌다는 생각에 자부심을 느꼈다.

상여금을 받은 기쁨도 있었지만 샤오완은 매니저가 자신에게 보여준 관심에 더 큰 감동을 받았다. 그리고 이 감정은 아주 따뜻한 곳에서 일한다는 자부심으로 이어져 더 큰 열정을 불러일으키고 책임감은 더 강해졌다. 이렇게 작은 칭찬에도 예상치 못한 큰 성과를 얻을 수 있다.

기지를 발휘해 말실수를 만회하자

누구나 말실수 혹은 상황 파악이 안 되는 이야기로 난처해질 수 있다. 하지만 적시에 이를 만회하지 못하면 상대방을 불쾌하게 만들거나 난처한 상황에 빠져 이미지에 타격을 입을 수 있다. 말실수가 있었다면 변명하기보다 기지를 발휘해 곤경에서 벗어나보자.

한 결혼 피로연에서 하객들이 앞다투어 축하해주고 있었다. 한 남자가 감정이 벅차올라 축하 인사를 건넸다.

"연애의 계절을 지나 이제 결혼이라는 여정에 올랐습니다. 이 감정의 세계에서는 윤활유가 자주 필요합니다. 지금의 여러분은 낡은 차라고 할 수 있습니다."

새 차라고 말해야 했지만 이미 실수는 일어난 상황이었다. 식장 하객들도 웅성거리고 있었다. 오늘 결혼하는 두 사람은 다 재혼이라 뼈가 있는 말이 아니냐는 생각이 들 수도 있었다. 그는 결혼하는 두 사람을 새 차에 비유해서 다툼 없이 양보하며 잘살기를 바란다는 축사를 할 생각이었지만 말실수를 주워담을 수도 없는 노릇이었다.

하지만 그는 금세 마음을 가다듬고 말을 이어갔다.

"여러분은 새 엔진을 단 중고차라고 할 수 있습니다."

절묘했다. 그는 계속 의미심장한 축사를 이어나갔다.

"두 분은 사랑의 윤활유로 힘을 내서 행복한 생활이라는 목적지로 돌진하시기 바랍니다."

말실수를 잘 넘길 수 있는 사람은 최상의 대화 기술을 가진 사람이라 해도 무방하다. 이런 사람을 보고 있노라면 경외감이 절로 든다. 말실수하지 않는 사람은 없다. 위의 일화처럼 잘 넘기는 방법을 연구하고 배워보자. 위기 상황을 잘 넘길 수 있는 유용한 기술이다.

화를 부르는 말은 무엇일까

사람은 저마다 말하는 스타일이 있다. 상황이나 기분에 따라 무슨 말을 하느냐는 달라지겠지만, 말에는 그 사람의 성격이나 특징이 묻어난다. 유창하게 대화할 수 있는 능력도 중요하지만, 그보다 먼저 화근을 부르는 말을 하지 않도록 알아둘 필요가 있다. 다른 이의 감정을 상하게 하는 말은 절대로 삼가자. 다음 일화를 통해서 짜증이나 반감을 사는 대화 유형을 살펴보자.

시의적절치 못한 거친 말

거친 말투는 사실 언제 들어도 듣기가 거북하다. 사적인 장소라면 무방할 수 있지만, 공개적인 장소나 격식 있는 자리에서라면 거친 단어 선택은 분위기를 망칠 수 있다. 수상 소감을 말하게 된 배우가 "1등을 따서 기쁘다"든지, "상을 타니 정말 기분이 째진다."고 말한다면 시상식의 품위와 격은 떨어지게 될 것이다. 편한 분위기를 만들려 했다거나 농담 삼아 한 표현일 수 있지만, 공식적인 자리에서라면 사람들의 반감을 사기 쉽고 심지어 본인 이미지에도 큰 타격을 입을 것이다.

상처 주는 뾰족한 말

대화 중에 논쟁은 피할 수 없다. 우호적이고 선의가 담긴 논쟁은 이해를 높이고 좋은 분위기를 만든다. 하지만 말싸움을 방불케 하는 피 튀기는 논쟁은 상대의 심기를 불편하게 하고 사이를 멀어지게 한다. 특히 생업 현장에서는 작은 말실수로도 싸움으로 번져 생업에 지장을 받을 수 있다.

옷가게에서 일어난 일이다. 옷을 보고 있는 노인 옆에 젊은 판매원이

서 있었다. 노인이 큰 사이즈의 옷을 보고 있자 점원이 '그 옷은 입으실 수 없습니다.'고 말했다.

"아니 왜 못 입나?"

"입으시면 거추장스러울 거예요, 두 명이 들어가도 되거든요."

"옷 파는 사람이 무슨 말을 그렇게 해? 지금 내가 관을 짜러 온 건가?"

말을 잘못하는 바람에 실랑이가 벌어졌으니 매상은 물 건너갔다.

우리는 버스나 길에서 비슷한 상황을 자주 만난다. 한 젊은이가 만원 버스에서 할머니의 발을 밟았다. 죄송하다는 말 한마디면 해결될 일이었는데 할머니가 핀잔을 주자 젊은이는 무섭게 되받아쳤다.

"밟히는 게 무서우면 자기 차를 타고 다녀야죠."

예의도 없어 보이지만 악의까지 느껴진다.

만약 예의 있는 사람이었다면 상황은 달랐을 것이다.

한 남성이 실수로 여성의 발을 밟았다.

"어딜 밟는 거예요?"

그는 웃으면서 말했다.

"죄송합니다, 끌렸나 봐요."

이 말을 들으면 피식 웃음이 날 것이다. 그리고 그가 매너 없는 사람이라는 생각은 사라질 것이다.

하소연만 늘어놓는 사람

억울한 눈빛으로 하소연을 하면 처음 몇 번은 동정표를 얻을 수 있다. 하지만 계속해서 이런 말을 늘어놓는다면 상대는 별생각 없이 자리를 뜨거나 '정말 바보 같아'라며 조롱할지도 모른다. 좌절을 겪지 않는 사람은 없다. 하지만 그 좌절을 이겨내는 태도는 사람마다 다르다. 어려움을 딛고 극복하는 사람, 두려워서 뒷걸음질치는 사람이 있는가 하면, 동정을 받으려고 힘든 점을 미주알고주알 이야기하면서 남에게 자신의 감정을 전달하는 이들도 있다.

세무 임원을 맡은 샤오취엔은 이유 없이 욕먹는 일이 잦아 스트레스가 컸다. 이 때문인지 속이 답답하고 매사 남 탓을 할 때가 많았다. 업무를 마치고 친구들과 모이면 샤오취엔은 매번 힘들다며 하소연을 했다. 처음에는 친구들도 동정해주고 저마다 해결책을 제시하면서 위로했다. 하지만 이런 상황이 반복되자 친구들의 태도도 달라졌다. 그를 의지박약에 투덜이라고 험담하고 그와의 만남을 꺼렸다.

사교적인 장소에서 하소연만 늘어놓는 사람은 매력 없고 능력 없는 사람으로 비치고, 다른 이의 존중을 얻기도 힘들다.

하나로 전체를 판단하는 성급한 사람

'몸에 맞는 옷'이라는 속담처럼 대화를 나눌 때에도 상대의 신분, 지위, 교육 수준이나 언어 습관 등 다양한 상황에 근거해 자신의 본분에 맞는 말을 해야 한다. 범위를 제한하는 단어들은 신중하게 사용하자. 예를 들면 '당연하다', '절대로'라든지, 부분적인 내용을 다 그런 것처럼 이야기하거나 가능성이 있는 일을 꼭 일어날 필연적인 일처럼 포장해 말하는 습관은 자신을 기피 대상으로 만들 뿐이다.

우리가 잘 아는 에디슨의 일화를 살펴보자.

한 청년이 면접을 보러 에디슨의 실험실로 왔다. 청년은 자신의 의지를 보여주려고 확신에 찬 목소리로 말했다.

"저는 꼭 모든 것을 녹일 수 있는 만능 액체를 만들겠습니다."

그의 말이 끝나자 에디슨이 물었다.

"그럼 그 액체는 어디에 담아야 하지?"

청년은 말문이 막혀 버렸다.

젊은이는 자가당착에 빠져버렸다. '모든 것'을 녹일 수 있는 액체 대신 어떤 걸 녹일 수 있는 액체라고 말했더라면 에디슨도 반박할 수 없었을 것이다.

대화에는 여지가 필요한 것처럼 칭찬할 때는 과도한 인사를 피해야 한다. 이제 두각을 드러내는 신인 연기자에게 '떠오르는 신성'이라 칭하거나, 막 등단한 시인에게 '저명한 시인'이라는 칭호는 세월이라는 시련을 겪어보지 않은 사람에게 어울리지도 않고 믿음도 가지 않는다.

부정을 긍정으로 바꾸는 유머의 힘

유머는 보이지 않는 능력이다. 유머로 자신이 가진 매력을 상승시킬 수 있다. 유머는 마음에 꽃을 피우고 매력적인 향기를 뿜어낸다.

우리는 모두 유머러스한 사람과 친해지고 싶어 한다. 유머는 대화에서 윤활제 역할을 해 목적을 수월하게 얻게 해준다. 삶이나 일에서 어려운 문제를 쉽게 해결해주는 것도 유머다. 유머를 어떻게 사용하면 좋을지 알아보자.

유머는 사교의 윤활제다

모든 교류가 시종일관 우아할 수는 없다. 부적절한 언행으로 곤란한 상황에 부닥칠 수 있다. 문제가 적절하게 해결되지 못하면 본인이나 타인 모두에게 불쾌한 경험이 될 수 있고, 이미지에 큰 타격을 입을 수 있다. 우리는 언제든지 이런 상황에 노출될 수 있기에 대처 방법을 알아둘 필요가 있다. 가장 효과적인 해결책 중 하나가 바로 유머다.

주말 오후 로버트는 5살짜리 아들과 모임에 나갔다. 철없는 어린 아들은 큰 코를 가진 사람을 보고는 '왕코다!'라고 소리쳤다. 로버트는 어쩔 줄 몰라 하며 아들을 나무랐다. 하지만 정작 왕코 아저씨는 화를 내지 않고 웃어주었다. 그는 아이와 눈을 맞추고 이야기했다.

"큰 코 덕분에 꼬마 신사 눈에 들 수 있었구나. 지금부터 나를 왕코 삼촌이라고 부르렴."

아이는 신이 나서 말했다. "좋아요! 정말 좋아요!" 그날 그들은 오후 내내 붙어 다니며 즐겁게 지냈다.

유머는 언제 어디서든 제 역할을 톡톡히 해낸다. 예외 상황이 아니라면 유머는 효과가 빠른 교류 방법이다. 유머로 위기에서 벗어날 수도 있고 상대를 기분 좋게 만들 수 있다. 긴장이 넘치는 곳을 웃음이 꽃피는 자리로 만들 수 있다. 이런 분위기에서 순조로운 대화가 가능해진다. 유머는 우호적 관계와 성공을 위한 필수요소이다. 프로이드는 말했다.

"유머러스한 사람의 적응력이 가장 뛰어나다."

그의 이론에 의하면 환경 적응이 빠르고 어디서든 환영받는 사람은 유머가 있는 사람이다. 유머는 사교의 윤활제이자 다툼과 충돌을 해결하는 만능열쇠이다. 곤란한 상황이라면 재치 있는 유머로 분위기 전환을 시도하자. 기분 좋은 웃음이 넘치는 분위기로 일을 마무리 지을 수 있다.

유머는 때로 무기가 된다

비꼬거나 조소 어린 말투를 가진 사람과 대화하거나 곱지 않은 시선으로 훈계하는 사람에게 같은 방법으로 응수한다면 상황은 더 악화하거나 수습할 수 없는 지경에 빠질 수 있다. 그렇다고 보고도 못 본 체하는 수동적인 방법으로 응수하면 상대의 투지는 커지고 본인은 더 큰 손해를 감내해야 할 상황이 될 수 있다. 사태의 확대를 막고 효과적으로 공격을 무력화할 방법은 없을까? 이때 가장 현명한 대처방법이 바로 유머다.

한 미국의 정치가가 처음으로 대중 앞에서 연설하게 되었다. 그런데 그의 옷차림새가 굉장히 촌스러웠다. 막 서부에서 돌아온 터라 옷을 갈아입을 시간적 여유가 없었던 것이다. 흠잡길 좋아하는 한 의원이 그가 연설하러 대중 앞에 서자 들으라는 듯 큰 소리로 소리쳤다.

"저 사람 좀 보세요, 마치 일리노이주에서 온 행색입니다. 주머니에서

밀과 흙이 나올 것 같네요."

이 말을 들은 대중은 웃음을 터뜨렸다.

이런 조소에 의원은 동요 없이 조용히 대답했다.

"당연하죠. 저는 촌스러운 서부 출신 의원입니다. 제 주머니에는 밀도 있지만 좋은 싹을 틔울 수 있는 씨앗도 가득합니다."

그의 말은 미국에서 큰 선풍을 일으켰고 그에게는 '씨앗의원'이라는 별칭이 생겼다. 존경이 담겨 있는 이 별칭을 얻은 덕분에 그는 민중을 대표하는 의원이 될 수 있었다. 경쟁자의 조소 앞에서 그는 순풍 속 배처럼 아주 절묘한 응수로 상대의 무례함을 무력화시켰고 명예도 얻었다.

유머의 힘은 이처럼 위대하다. 유머는 양측의 대립각을 무디게 만들고 조용히 문제를 해결한다. 미국 작가 카버는 말했다.

"상대의 부정적 태도를 긍정으로 바꾸려면 유머가 가장 효과적인 무기다."

현명한 사람이라면 유머의 힘을 무시하지 않는다.

유머로 단점을 극복하라

자조도 유머일 수 있다. 우리는 모두 단점이 있는 인간이지만, 자신의 단점을 정확하게 알고 이를 받아들인다면 겸손하다는 평판과 대중의 이해를 얻을 수 있다.

그저 그런 외모의 한 여성이 남들처럼 아름다운 외모를 가지고 있지 않다는 자기 비하에 빠져 소극적인 성격이 되어버렸다. 열심히 공부한 끝에 원하는 대학에 진학했지만, 친구 사귀기도 쉽지 않았다. 두 달 후 학생들이 서로 얼굴을 익혀갈 즈음 학과에서 메이퀸을 뽑자는 의견이 나왔다. 여학생들은 저마다 특색 있게 연설하며 표심을 공략했다. 메이퀸은 표를 제일 많이 얻는 여학생이 될 것이었다. 그녀도 강단에 서서 수줍게 웃으며 입을 열었다.

"여러분의 한 표를 제게 주셔야 합니다."

그녀가 말을 마치자마자 좌중은 술렁대기 시작했다. 그녀는 다시 말을 이었다.

"여러분이 저를 메이퀸으로 만들어줄 거라 저는 믿고 있습니다. 제가 메이퀸이 되면 여러분은 언제 어디서나 이렇게 자신 있게 얘기할 수 있습니다. '내 여자친구가 메이퀸보다 예뻐!'라고요."

그녀의 말이 끝나자 우레와 같은 박수가 터져 나왔다. 학우들은 너 나 할 것 없이 그녀를 뽑았고 그 이후로 그녀는 자신의 외모에 전혀 불만을 품지 않았게 되었다. 학우들은 유머 감각 있는 사람이라 생각하며 그녀를 존중했다.

자신감이 있는 사람만이 이런 자조적인 말을 할 수 있다. 이처럼 대중 앞에서 자신이 조금 작아 보인다 해도 크게 손해 볼 일은 아니다.

천냥 빚을 갚는
한마디 말의 비밀

대화 도중에 상대의 안색이 변한다면 대화는 달라져야 한다. 아무리 금쪽같은 말이라도 그 역할을 다하지 못할 수 있기 때문이다. 시의적절한 말은 별것 아닌 내용이라 해도 상대에게 강한 인상을 남길 수 있다. 적절한 때에 적절한 말을 하는 기술이 필요한 이유다. 이런 능력을 갖춘 사람이야말로 대화의 고수다. 타이밍을 놓치지 않고 이야기하는 방법이 아래에 있다.

위기를 모면하는
임기응변 대화법

대화를 하다 보면 우리는 항상 예상치 못한 상황을 마주할 수 있다. 실언할 수도 있고, 기대보다 못한 상대의 반응에 맥이 빠질 수도 있고, 또 다른 변수가 생길 수 있다. 진퇴양난의 상황이라면 어떻게 대처해야 할까? 임기응변이 답이 될 수 있다. 임기응변은 가장 수준급의 기술이라 할 수 있다. 임기응변을 잘하려면 민첩한 두뇌 회전과 절묘한 기술이 있어야 한다. 몇 가지 방법을 익히면 임기응변이 쉬워진다.

상황을 있는 그대로 받아드려라

상황의 흐름에 따르는 해결법은 가장 광범위하게 쓰이는 임기응변 방법
이다. 구체적인 방법으로는 눈앞에 있는 사물이나 상황을 보이는 그대로
인정하고 기지를 발휘하는 것이다.

한 미모의 여가수가 커튼콜을 받아 무대로 나오던 중 마이크 선에 걸려
그만 넘어지고 말았다. 아름다운 자태와 우스꽝스럽게 넘어지던 모습의
강렬한 대비에 관중은 웅성거렸다.

그녀는 당황하는 기색 없이 일어나 침착하게 말했다.

"제가 넘어질 만큼 열렬한 박수 감사드립니다."

그녀의 기지에 좌중은 환호했다.

대범하고 우아한 언사로 그녀는 위기 상황을 벗어났다. 동시에 그녀는
체면도 지킬 수 있었고 관중의 애정 어린 찬사도 얻었다.

질문에 질문으로 답한다

대화 도중에 상대가 곤란한 질문으로 당신을 난처하게 만든다면 이 상황
을 모면할 만한 방법은 무엇일까? 상대에게 비슷한 질문을 던져보자.

지식 청년 출신의 젊은 작가 양샤오성은 〈이 신비한 땅〉, 〈오늘 밤 폭풍
우〉 같은 작품으로 많은 인기를 얻고 있었다. 영국 방송국에서 양샤오성

을 현장 인터뷰를 하고 있을 때 난처한 상황이 벌어졌다. 인터뷰가 어느 정도 진행되자 노련한 중년 기자가 촬영을 잠시 멈추고 양샤오성에게 지금부터는 질문에 즉각적으로 '네', '아니오'로 답해주길 요구했다. 그러고는 녹화가 시작되자 다음과 같은 질문을 했다.

"문화대혁명이 없었더라면 아마 당신 같은 청년 작가들도 없었을 겁니다. 이런 시각에서 보면 문화대혁명은 좋은 건가요, 나쁜 건가요?"

그는 잠시 당황했지만, 곧 기자에게 반문했다.

"제2차 세계대전이 없었더라면 이를 배경으로 했던 유명 작품들도 없었을 텐데요. 그렇다면 제2차 세계대전은 좋은 건가요, 나쁜 건가요?"

절묘한 응수다! 기자는 당황해서 촬영을 중단했다.

양샤오성은 반문하는 방식으로 자신이 대답하기 힘든 질문을 상대방이 답하기 곤란한 질문으로 바꾸어놓았다. 반문함으로써 자신을 보호했을 뿐만 아니라 되레 상대를 난처하게 만들었으니 수준 높은 대응법이라 할 수 있다.

말실수는 바로 바로잡는다

대화 중 실수가 없기는 힘들다. 이런 실수로 긴장하게 되면 더 큰 실수로 이어질 수 있다. 특히 자신에게 익숙하지 못한 장소라면 실수는 더 빈번하게 일어난다. 이런 상황에서 우리 중 대부분은 체면과 자존심을 지키려 아무렇지 않은 듯 넘어가거나 무마하려고 한다. 이럴 때 가장 좋은 방법은 즉각적으로 잘못을 바로잡고 대화가 올바른 방향으로 흘러갈 수 있게 하는 것이다.

사범대학의 한 담임교수가 전교 신입생을 대상으로 계획에 없던 강연을 했다. 원래는 '여러분 안녕하세요. 전국 각지에서 온 여러분은 이곳 사범대학에서 새로운 생활을 시작했습니다. 저는 여러분이 장래에 훌륭한 선생이 되기 위해 학업에 정진하고 발전하길 희망합니다.'라고 말하려 했었다. 하지만 그가 한 이야기는 달랐다.

"모든 학생이 다 훌륭한 선생이 될 수 있기를 '장래'에 희망하겠습니다. 이 희망은 현실입니다. 그리고 제가 지금 가지고 있는 진실한 마음입니다. 여러분은 장래에 꼭 가장 빛나는 선생이 되어 강단에 설 것입니다."

이 교수는 강연 중 '장래'라는 단어의 순서가 잘못되었다는 사실을 알아채자, 즉시 그 부분을 고치면서 절묘한 설명까지 덧붙였다. 틀린 부분을 바로삽음과 동시에 그 원인까지 파악해 설명함으로써 말실수를 만회하고, 자신이 하고자 하는 이야기를 더 강하게 전달할 수 있었다.

상대를 만족시키는 대화법

상대가 당신의 이야기에 흥미를 느낀다면 대화에 더 귀 기울일 것이고 결과는 좋을 것이다. 반대로 대화가 당신의 화제로만 진행된다면 상대는 대화에 흥미를 잃을 것이다. 우리는 상대가 어떤 주제에 흥미를 느낄지 예측할 수 있는 능력이 있어야 한다. 두 가지 예시를 보면서 배워보자.

구미를 당길 수 있는 화제를 찾자

사람마다 취미나 기호는 다르다. 유유상종이라는 말처럼 사람들은 자신과 비슷한 취향을 가진 사람들과 모이려는 습성이 있다. 만약 상대가 당신을 자신과 동류라고 생각한다면 이상적인 분위기에서 대화할 기회를 잡을 수 있다. 그래서 우리는 상대의 구미를 당기는 대화를 시도할 수 있어야 한다.

직업 경영인인 중국인 탕쥔 씨는 MS사의 중견 임원이었다. 그는 이전에 빌 게이츠와 깊이 있는 대화를 나누는 기회를 여러 번 가질 수 있었다. 그들의 대화 분위기는 매우 화기애애했고 형제 같아 보였다. 임원 중에서 빌 게이츠와 이런 대화를 나눌 수 있는 사람은 소수였다. 그는 어떻게 빌 게이츠의 마음을 움직일 수 있었을까? 그는 빌 게이츠가 관심을 보일 만한 화제를 끊임없이 연구했다. 예를 들면, 중국 소비자 동향이나 중국 시장의 특성 같은 것들이었다. 매번 그가 꺼낸 화제들에 빌 게이츠는 큰 관심을 보였고 끊임없이 질문해댔다. 그는 세세히 답변하면서 빌 게이츠의 표정을 살폈다. 빌 게이츠의 얼굴에는 '왜'라고 묻길 좋아하는 아이가 완벽한 답을 찾은 것 같은 표정이 떠올랐다. 그 후 탕쥔이 MS사를 떠나겠다고 결정하자 빌 게이츠는 그에게 손수 쓴 메일을 보냈다.

"MS사를 위한 당신의 큰 공헌에 감사드립니다. 저는 당신이 이곳으로 다시 돌아올 날을 손꼽아 기다리겠습니다."

이 일화에서 보듯 대화의 내용은 구체적인 상황에 맞춰 이루어져야 한다. 아무리 좋은 내용이라 할지라도 상대의 요구에 맞지 않는 화제라면 공감을 이끌어낼 수 없다. 우리는 상대가 흥미를 느낄 만한 부분에서 대화를 시작해야 한다. 상대의 기호에 맞춘다면 오히려 바라는 결과를 얻어낼 수 있다.

상대의 관심사를 파고들어라

상대의 처지에서 문제를 생각하고 이야기한다면, 상대는 당신이 자신을 무척 배려한다는 인상을 받는다. 그리고 이런 방법은 상대를 설득할 때 꽤 강력한 힘을 발휘한다. 상대의 비위를 맞추는 행위를 교활한 행동이라고 생각할 수 있다. 하지만 이런 소통법은 상대의 의향을 파악하기 위한 꽤 효과적인 측면 공략법이다. 이 방법을 쓴다면 더 많은 대화의 기회를 가질 수 있고 발전할 수 있다.

어느 결혼 10년 차 부부에게는 자식이 없었다. 부인은 강아지 몇 마리를 자신의 친자식처럼 키우고 있었다. 하루는 퇴근하고 온 남편에게 부인이 신이 나서 말했다.
"당신, 차 낡았다고 바꾼다고 했죠? 제가 쉐보레 영업직원인 조 지라드 씨와 약속을 잡아놨어요. 주말에 오기로 했어요."
남편은 이 이야기를 듣고 기분이 언짢아졌다.
"새 차를 알아본다고 했지 지금 당장 차를 바꾼다는 얘기는 아니었어.

왜 갑자기 이렇게 적극적이야?"

부인은 그를 만나게 된 자초종을 설명했다. 부인의 강아지를 본 지라드는 품종이 좋은 개라 털이 곱고 윤이 난다며 칭찬했다. 눈이 맑고 검은 부분이 또렷하고 코도 높은 걸 보니 분명 혈통이 좋은 개라는 자세한 설명도 덧붙였다. 그의 칭찬에 부인은 자신의 마음을 알아주는 이를 만났다는 기쁨에 들떴고 주말 약속까지 잡게 된 것이었다.

일요일이 되자 조 지라드는 약속한 대로 그녀의 집을 방문했다. 그러고는 순식간에 그녀의 남편까지 자신의 편으로 만들었다. 그는 남편의 마음을 들여다본 듯 이야기했고, 남편은 그 자리에서 지라드가 추천한 차를 사기로 했다.

그가 바로 세계에서 가장 위대한 판매왕 조 지라드다. 이 일화에는 우리가 눈여겨볼 만한 부분이 있다. 자신의 이야기만 늘어놓는 사람은 아무도 좋아하지 않는다. 공통의 화제를 찾아 이야기하는 사람을 반기기 마련이다. 혹자들은 이렇게 비위를 맞추는 대화에는 어떤 의도가 있을 거라고 의심할 수 있다. 하지만 상대의 취향에 맞춘 대화를 시도하는 노력과 이익을 취하려는 행동은 별개의 일이다. 상대의 취향을 존중하면서 대화를 이어가는 방법은 예술의 경지에 오른 화술이라 할 수 있다.

첫째도 타이밍,
둘째도 타이밍이다

적절한 때를 판단하고 타이밍을 놓치지 않는 사람을 우리는 소통의 달인이라 부른다. 삶의 현장이든, 업무 현장이든 타이밍을 놓치지 않는 능력은 교제에 필수요소이다. 따라서 타이밍을 놓치지 않는 통찰력을 의식적으로 기를 필요가 있다.

말문을 열어야 할 때

말을 아껴야 할 때를 모르는 사람은 조급하다는 평가를 받고, 말할 시기를 놓치는 사람은 기회를 잃는다. 침묵해야 할 때 하는 말은 낭비이다. 말할 타이밍을 정확하게 잡아내서 최고의 결과를 얻어야 한다. 시의적절한 대화는 상대의 동의와 협력까지 얻어낼 수 있다.

청나라 무용수 위롱링은 어렸을 적 외교관인 부모를 따라 파리에서 살았다. 옛 관습의 영향인지 그녀는 무용을 배우고 싶다는 열망을 부모님께 이야기하기 어려웠다. 하루는 일본 공사의 부인이 집에서 다과를 나누게 되었는데 우연히 그녀의 어머니에게 이런 질문을 했다.
"따님은 왜 아직 춤을 배우지 않나요? 일본에서 따님 또래의 여자아이는 대부분 무용을 배운답니다."
무용을 시킬 생각이 없던 그녀의 어머니는 그런 생각을 말하기가 뭐해 슬쩍 얼버무렸다.

"나중에 기회가 되면요."

그녀는 기회를 놓치지 않고 어머니께 이야기를 꺼냈다.

"어머니 이제부터라도 무용을 배워서 보여드리고 싶은데, 어떨까요?"

그녀는 말이 끝나기가 무섭게 무용복으로 갈아입고 〈백조의 호수〉에 나오는 춤을 추었다. 일본 공사 부인이 끊임없이 칭찬하자 그녀의 어머니도 승낙할 수밖에 없었다.

타이밍을 잡은 덕분에 그녀는 무용을 시작할 수 있었다. 대화의 시기와 환경에 따라 타이밍을 결정해야 한다. 자연환경, 사회적 환경, 심리적 환경, 언어적 환경 등 다양한 요인들이 있다. 자연환경과 사회환경은 대화 여부에 영향을 받지 않는 독립적인 요소지만, 심리적 환경과 언어적 환경은 대화 과정에서 만들어지는 요소이다. 하지만 심리적 환경과 언어적 환경은 일단 만들어지면 다른 요소들처럼 독립적 요소로 존재한다. 그리고 사회환경과 자연환경처럼 대화에서 여러 제약을 만들어내기도 한다.

앞서 말한 요소들이 적절한 시간과 만났을 때를 우리는 타이밍이라고 한다. 이 타이밍을 놓치지 말아야 비로소 정확한 의사전달을 할 수 있다.

타이밍을 놓치지 않으려면

타이밍을 놓치지 않으려면 몇 가지 주의 사항을 염두에 두어야 한다.

첫째, 될 수 있으면 상대의 기분이 좋을 때 의견을 제시해야 한다. 상대가 돈을 잃었거나 기분이 나쁜 상황일 때 한턱내라고 한다면 분명 매몰차게 거절당하거나 곤란해질 수 있다.

둘째, 권고나 의견 제시는 화기애애한 분위기에서 서로의 견해차를 좁힌 후에 꺼내자. 다음 상황을 보면서 생각해보자.

능력 있는 영업사원은 처음 만난 고객에게 바로 물건을 팔려고 하지 않는다. 고객이 심리적인 부담감을 가지고 있다는 걸 알기 때문이다. 그들은 고객과 정서적 교감을 나누면서 상대가 심리적 방어벽을 무너뜨리는 타이밍에 판매를 시작한다.

확신이 들지 않는 상황이라면 상대에게 우선 적당한 암시를 주는 방법도 시도해볼 만한다.

"수업 끝나고 책을 좀 빌릴 수 있을까요?"

누군가 당신에게 이렇게 묻는다면 이런 답변은 어떨까?

"물론이죠. 그런데 혹시 도서관에 있을지도 모르니 제가 먼저 알아볼게요."

사전에 이런 말을 해두면 상대가 당신에게 책을 빌리지 못한다고 하더라도 크게 실망하지는 않을 것이다.

마지막으로 대화의 장소를 파악하고 있어야 한다. 장소는 대화의 결과를 결정짓는 중요한 요소이다. 같은 내용이더라도 어디서 하는지에 따라 결과는 크게 달라진다. 여러 가지 장소가 있다. 공개적인 장소와 사적인 장소, 공식적인 자리나 비공식적인 자리, 딱딱한 분위기의 장소이거나 편한 장소, 즐거운 장소나 우울한 장소, 친한 사람들과의 모임이나 생경한 사람들이 있는 자리 등 다양하다. 따라서 대화가 이루어지는 장소를 정확히 파악해 그 분위기에 어울리는 말을 할 줄 알아야 한다.

그리고 자신이 꺼내려는 화제에 맞는 환경을 만들려는 적극적인 노력도 필요하다.

상사가 부하 직원과 대화를 할 때는 사무실이 적합하다. 사무실은 권위와 지위를 상기시킬 수 있는 장소이자 대화가 업무에 맞게 진행될 수 있는 공간이기 때문이다. 하지만 상사가 아래 직원에게 따로 지도할 일이 있다면 카페나 술자리 같은 사적인 장소가 적합할 수 있다. 상사라는 무거운 갑옷을 벗고 소소한 이야기로 분위기를 유쾌하게 만들어 상대의 수긍을 쉽게 얻을 수 있기 때문이다.

외출할 때는 날씨를, 대화할 때는 안색을

희로애락은 얼굴에 다 드러난다. 눈치 빠른 사람은 포커페이스의 실낱같은 감정 변화도 놓치지 않는 법이다. 우리는 상대가 방심할 때 보이는 말이나 표정 그리고 동작이나 행동의 변화를 잡아내는 방법을 배워야 한다. 이런 변화들로 우리는 상대의 의중을 파악해 의도하는 방향으로 대화를 끌어갈 수 있다.

예를 들어보자. 당신이 선배를 찾아가 대화를 나누고 있다. 이때 선배가 계속 다른 곳을 보면서 작은 소리로 말한다면 당신이 중요한 일 처리를 방해하고 있다는 의미이다. 선배는 당신과 이야기는 하고 있지만, 마음은 그곳에 없다. 이럴 때는 이렇게 부탁하면 가장 현명한 행동이 될 수 있다.

"선배 굉장히 바빠 보이는데 방해한 것 같습니다. 며칠 후에 제가 다시 오겠습니다. 그때 대답해주세요."

상대의 표정을 살펴가며 말을 해야 할 필요가 있다. 표정 변화를 세심하게 관찰하면서 말을 하면 실수가 줄어든다. 초조해하는 상대에게 재잘재잘 끊임없이 말을 걸거나, 기쁨에 들떠 있는 상대에게 찬물을 끼얹는 말을 건네는 건 눈치 없는 행동이다. 건륭황제가 총애하던 신하 유용(刘墉)은 아마 중국 역사상 가장 눈치 빠른 사람이라 할 수 있다.

재상 유용이 건륭황제와 함께 담소를 나누는데 그날 따라 황제의 기분이 좋지 않아 보였다.

"시간이 정말 쏜살같이 흐르는구나. 눈 깜빡할 사이에 과인도 노인이 되었으니."

황제의 얼굴은 어두웠고 아쉬운 말투였다.

유용은 황제의 얼굴에 나타난 감정을 알아채고는 이렇게 대답했다.

"황제 폐하, 폐하의 풍모와 기개를 보면 아직도 한창이십니다."

"말띠로 올해로 마흔다섯이 되었으니 이제 늙은 게지."

황제는 고개를 저으며 유용을 보고 물었다.

"올해 나이가 몇인가?"

유용은 공손하게 손을 모으고 답했다.

"황상께 아뢰옵니다. 저는 당나귀띠로 올해 마흔다섯입니다."

이상한 대답이었다.

"나랑 같은 마흔다섯인데 짐은 말띠이고 그대는 당나귀띠라고?"

"황상께 아뢰옵니다. 폐하께서 말띠이신데 제가 어찌 감히 같은 말띠일 수 있겠습니까? 저는 당나귀띠입니다."

익살스러운 대답에 황제가 박장대소를 했다. 황제의 얼굴에 근심은 이미 저만치 물러가 있었다.

만약 상대의 표정을 읽어내는 능력이 있다면 우리는 상대보다 먼저 그 의중을 파악할 수 있다. 이때 상대가 당신과 다른 의견을 가지고 있다고 하더라도 당황하지 않아도 된다. 사전에 마음의 준비를 하고 있다면 문제를 해결할 방법을 찾을 수 있기 때문이다. 상대의 반응을 살펴 미리 계획을 세우면 적절한 타이밍을 놓치지 않을 수 있어 상대의 마음을 움직이는 대화가 가능하다. 이런 대화가 가능하다면 분명 원하는 결과를 얻을 수 있다.

사람의 얼굴에 나타나는 표정은 근육의 움직임으로 만들어지는 결과이다. 변화무쌍한 날씨를 예측하는 일기예보처럼 우리는 표정을 통해서 언제 바람이 불고 비가 올지, 언제 천둥 번개가 동반될지를 예측할 수 있다.

그렇다면 어떻게 상대의 표정과 행동의 변화를 파악해서 감정을 읽고 취향에 맞는 이야기로 상대를 사로잡을 수 있을까? 심리학 전문가가 내놓은 양자 간의 미묘한 관계와 처리방법에 관한 연구 결과가 있다. 우리가 생각해볼 만한 부분이 있어 소개한다.

첫째, 눈으로 상대를 관찰한다.

상대가 이야기할 때 고개를 가로젓지도 않고 사람을 보지도 않는다면 이는 불길한 징조다. 상대가 당신을 경시하거나 피하고 있다는 뜻이기 때문이다. 만약 당신을 위아래로 쳐다본다면 이는 우월감을 나타내는 행동으로, 상대는 자신이 당신을 좌지우지할 수 있다고 생각한다. 상대가 당신을 오랫동안 주시하고 있다면 이는 당신이 더 많은 정보를 꺼내주기를 바라는 행동이다. 상대가 우호적인 표정으로 눈을 깜빡이며 당신을 보고 있다면 이는 당신을 좋아한다는 뜻이다. 굳은 얼굴을 한 상대가 매서운 눈초리로 뚫어지게 쳐다본다면 그는 권위적인 사람이다. 그의 무표정한 얼굴은 당신에게 이렇게 이야기한다. '날 속일 생각은 하지 마. 난 너의 생각을 꿰뚫어볼 수 있어.' 상대가 위로 당신을 스캔하듯 쳐다보다 눈이 마주치자 아래로 눈을 내리는 행위를 여러 차례 한다면 그가 당신의 의중을 헤아릴 수 없다는 뜻이다. 그에게 있어 당신은 수수께끼 같은 사람이다. 상대가 한 곳을 응시하면서 가끔 고개를 끄덕인다면 당신에게 복종을 원한다는 의미이다. 이때는 당신이 무슨 말을 하든 그는 전혀 당신의 의사를 고려하지 않을 것이다.

둘째, 상대의 행동을 연구하라.

상대가 두 손을 맞잡아 아래로 누르며 균형을 잡는다면 그는 심적으로 매우 평온한 상태이다. 상대의 팔꿈치가 밖을 향해 있고 양손은 허리에 있다면 이는 권위적인 문제에 맞닥뜨렸다는 뜻이고 금방이라도 명령을 하겠다는 표시이다. 상대가 의자에 앉아 몸을 뒤로 기대고 팔꿈치가 밖을 향하게 해서 두 손으로 뒷머리를 잡고 있다면, 상대는 홀가분하고 편한 상태이다. 이런 사람은 자부심이 대단하다. 상대가 집게손가락으로 당신을 가리킨다면 그는 언제든지 당신에게 도전할 수 있는 공격적인 사람이다. 상대가 옆에 서서 당신 어깨를 두드린다면 당신을 인정하고 높이 사고 있다는 뜻이다. 하지만 상대가 정면이나 위에서 당신의 어깨를 두드리는 행동은 당신을 업신여기거나 자신의 권위를 드러내고자 하는 행동이다. 상대가 손가락을 붙여 두 손으로 피라미드 형상을 만들어 뾰족한 부분을 앞쪽으로 내밀고 있다면 이는 상대가 당신의 의견에 반박하고 싶다는 뜻이다. 상대가 주먹을 쥐고 있다면 이는 상대에게 겁을 주고 싶다는 뜻이며 동시에 자신을 보호하고자 하는 행동이다. 상대가 주먹으로 탁자를 내리친다면 이는 다른 사람의 의견을 허용하지 않겠다는 행동이다.

이 지식을 잘 활용한다면 대화에서 적절한 반응을 보이면서 대화의 수준을 높일 수 있다.

낯선 사람을 친구로 만드는 대화법

낯선 사람을 보면 알게 모르게 눈길이 가면서 호기심이 생긴다. 거꾸로 생각하면 그들도 우리에게 같은 마음일 것이다. 당신 때문에 그들의 삶이 따듯할 수 있다면, 당신의 삶도 따듯해질 수 있다. 사심 없는 솔직한 태도로 서로 이해하면 대화는 항상 웃음꽃이 필 것이다. 모르는 사람을 알아가는 과정에서 우리는 자신을 알 수 있는 기회를 잡는다. 가끔 우리는 낯선 이와의 대화에서 평소 친한 친구에게 꺼내지 못했던 말을 꺼내기도 한다. 이런 행동에는 우리의 모습이 그대로 투영돼 있다. 만약 운이 좋다면 이 우연한 만남이 우정으로 발전해 당신의 인생에 빛과 소금이 될 수 있다. 서로의 마음을 나누고 의기투합할 수 있는 인연으로 당신의 인생은 더 풍성해진다. 친구 중 처음부터 친했던 사람은 없다. 미국의 한 저명한 기자가 말했다.

'세상에 남은 없다. 아직 사귀지 못한 친구일 뿐이다.'

낯선 이와 즐겁게 대화를 나눌 수 있고 그들을 친구로 대하기 주저하지 않는 사람이라면 그의 주변에는 친구가 많을 것이고 인생은 즐거울 것이다. 이런 사람이 사업을 한다면 많은 지인이 그를 지지할 것이다.

미국 루스벨트 대통령이 당선되기 전 한 연회에서 모르는 사람만 있는 테이블로 안내를 받았다. 그는 곧장 아는 기자를 불러 테이블에 앉은 사람들의 이름과 성향을 파악했다. 그 후 루스벨트는 한 사람도 빠짐없이 이름을 불러주면서 그들이 관심 있어 할 만한 주제로 대화를 이어나갔다. 이렇게 사귀게 된 사람들은 그 후 루스벨트를 지지하면서 그의 당선을 도왔다.

루스벨트의 입담과 사교 능력은 감탄스럽다. 우리는 어떻게 낯선 이를 친구로 만들 수 있을까? 아래의 몇 가지 방법을 배워보자.

담담하게 말을 시작해보자

입담이 좋은 사람은 자기 생각을 용감하게 꺼낼 줄 안다. 당신이 먼저 솔직하게 다가가면 상대도 당신에게 마음에 있는 말을 꺼내게 되고 자연스레 서로 마음이 통하게 된다. 만약 당신이 모르는 사람만 있는 재미없는 파티에 초대받아 마음이 편치 않다면 '나는 수줍음을 많이 타서 이런 웃고 떠드는 모임에는 어울리지 않아. 이런 곳에 오다니 정말 후회막심이야!' 라고 생각할 것이다. 그러나 이렇게 생각할 시간에 낯선 사람에게 먼저 말을 걸어보자. 그가 당신의 마음을 헤아려주고 따듯하게 어루만져 줄 사람일 수 있다. 이런 사람을 만난다면 더는 파티가 지루하지 않을 것이다.

재치 있게 질문하는 요령

낯선 사람과 만나 대화를 나누다 보면 어색함 때문에 대화가 끊기기 마련이다. 이럴 때는 재치 있는 질문으로 대화를 이끌어보자. 질문을 통해 중요한 정보와 지식을 얻을 수도 있고, 동시에 상대의 갈망과 요구를 이해할 수 있다. 대화가 계속 이어지면 낯선 사람과도 좋은 관계를 만들 수 있다.

하지만 재치 있는 화제가 생각나지 않아 "오늘 날씨 정말 좋네요. 그죠?"라고 서툴게 질문한다면, 상대방은 짧은 대답을 할 수밖에 없다. "그러게요, 오늘 날씨 정말 좋네요." 이렇게 대화는 끊어진다. 만약 상대방과 끊이지 않는 즐거운 대화를 원한다면, 세 가지 질문 유형을 기억해두면 좋다. 바로 '뭐가요? 어때요? 왜요?'이다. 다음과 같이 응용해보자. "왜 이럴까요? 의견을 말씀해주시겠어요? 이거 어때요? 이건 어떤 점이 좋은 것 같아요? 예를 들어 설명해주시겠어요?" 등등. 이런 질문은 깊고 친밀한 대화가 가능하게 만들어준다.

재미있는 말로 썰렁한 분위기를 모면하자

낯선 사람들과의 대화는 조금은 어색하기 마련이다. 이럴 때는 재미있는 말로 대화의 흥을 돋우어보자. 몇 마디의 말로도 분위기를 전환할 수 있다. 어색함과 경계심만 사라지게 할 수 있다면 첫 만남이라도 친한 친구 같은 느낌을 받을 수 있다.

여러 유형의 사람과 대화하는 법

'십인십색(十人十色)'이란 말이 있다. 사람의 모습만큼이나 저마다 생각이 다르므로 일률적으로 대했다가는 낭패를 볼 수 있다. 반대로 상대방의 성격만 정확하게 파악하면, 대화는 어렵지 않게 풀린다. 이런 이유로 낯선 사람과 대화를 나누기 전에는 반드시 표정을 보고 성격을 파악한 다음 전략을 짜서 다가가야 한다.

일반적으로 사람의 성격은 다음과 같이 나눌 수 있는데, 성격의 특징에 따라 대화 전략을 달리해야 한다.

외향적인 사람에게 다가가는 법

말을 속사포 쏘듯이 청산유수로 하는 사람은 외형적인 성격이라고 판단해도 된다. 외형적인 사람은 상냥한 편이며 특유의 큰 목소리로 다른 사람에게 자기 생각을 전달한다. 하지만 분노 억제가 서툴며 흥분 상태를 숨기지 못한다. 게다가 외향적인 사람은 지배욕이 강해, 거절을 당하면 실망감 혹은 분노를 느낀다. 자신의 견해를 상대방이 이해해주거나 수용하면, 기쁨이 얼굴에 금세 드러나고 춤을 추는 사람도 있다. 이런 성격의 소유자는 가볍고 간결하며 명쾌하게 칭찬하는 말은 좋아하지만, 지루하고 딱딱한 설교는 싫어한다.

외형적인 사람과 이야기할 때는 입을 열지 않고도 귀를 쫑긋 세우고 그의 말이 더 듣고 싶다는 표현을 하면 묻지 않아도 다 알려준다. 이야기할 때 그의 뜻에 따라주고, 자랑할 만한 옛일을 언급하게 하면 상상도 못할 효과를 얻게 될 것이다. 외형적인 사람들에게 교류는 수월하고 쉬운 일이다.

하지만 꼭 기억해야 할 것이 있다. 그가 빛나는 주연이고, 당신은 단지 조연에 불과한 경청자이니 그의 역할을 넘보지 말아야 한다. 그렇지 않으면 즐거운 대화를 이어나가기 어렵다. 그러므로 외향적인 사람과 의견충돌이 발생하면 최대한 침묵을 지키자.

내향적인 사람에게 다가가는 법

말수가 적은 사람이라면 내향적인 성격으로 판단해도 된다. 내향적 성격의 사람은 보통 상냥하고 얌전하며, 말수는 적지만 조리가 있고 논리적이고 치밀해 설득력이 강하다. 은둔자 같은 성향이 있어서 모든 일을 소극적으로 처리하며, 자신의 속마음을 잘 드러내지 않고 외부에 강한 경계심을 가진다. 다른 사람을 쉽사리 믿지 않고 칭찬이나 비난도 잘 하지 않는다. 차분하게 경청하지만, 자신의 견해를 잘 드러내지 않기 때문에 이들과 사귀고자 하는 마음이 선뜻 들지 않는다.

이럴 때는 역할 바꾸기가 가장 좋은 방법이다. 그를 조연으로, 본인은 주연의 중책을 맡아 그의 관심사를 언급해 사귀고자 하는 마음이 들도록 하자. 그가 당신의 진심을 조금씩 받아들여 절친한 사이가 되면 그도 적극적인 태도로 나올 것이다.

아집이 있는 사람과 대화하는 법

우리 주변에는 아집이 있는 사람도 적지 않다. 이런 사람은 장광설을 늘어놓길 좋아하고, 자신의 뛰어난 능력을 뽐낸다. 이런 사람을 대할 때는 차분하게 경청해주고, 그의 열정을 자극하지 않는 것이 좋다. 고집스러운 사람은 자신의 주장을 꺾지 않으며, 다른 사람의 의견과 권유에는 귀 기울이지 않는다. 이들은 융통성이 없고 적응력과 수용력이 부족해 일단 편견이 생기면 상대를 이해하거나 수용하기 어렵다. 이들의 생각을 반박하고 싶다면 구체적이고 믿을 만한 증거를 제시하면서 인내심을 갖고 설득해야 효과를 볼 수 있다. 의견을 같이하는 사람과 함께 힘을 합친다면 더욱 좋다.

공격성이 강한 사람과 대화하는 법

무엇이든 이기려고 애쓰는 사람이다. 이런 사람은 투쟁을 좋아하며 자기 생각과 조금만 달라도 불만을 품고 상대가 말문이 막힐 정도로 반박해 상대의 체면을 완전히 깎아내린다. 이런 사람을 대할 때는 회피가 가장 좋은 방법이지만, 어쩔 수 없이 대화해야 할 때는 다른 사람을 동반해서 1대 1의 충돌이나 싸움은 피하는 것이 좋다.

3장

총애와
사랑을 받는 사람은
어떻게 말하는가

우리는 매일 직장에서 동료와 상사 그리고 부하 직원과 대화를 나눈다. 할 말과 해선 안 되는 말을 판단해서 어떻게 말해야 할지 결정해야 한다. 적절한 언사를 구사할 수 있다면 순탄한 직장생활은 어렵지 않다. 사랑이 관계에서 피어나는 가장 아름다운 꽃이라 한다면, 사랑의 밀어는 그 꽃 위에 맺히는 영롱한 이슬이다. 상대의 가슴을 두드리는 말은 사랑에 시적 정취를 더하고 대화를 더 맛깔스럽게 만든다.

상사에게
성과를 인정받는
대화법

직장인은 상사와의 대화에 긴장하기 마련이다. 이 대화의 성패가 인사고가에 영향을 미치거나 앞으로 직장생활에 지대한 영향을 주리라 생각하기 때문이다. 상사의 평가나 인정 여부가 직장 생활에 미치는 영향은 적지 않다. 원만한 대화로 상대에게 좋은 평가를 얻어야 한다.

그렇다면 상사와의 원활한 소통 방법은 무엇일까? 어떻게 해야 승진과 임금 인상이라는 난제를 잘 풀어나갈 수 있을까?

업무만 이야기하는 사람이 되지는 말자

상사와 업무 이야기만 하라는 법은 없다. 살면서 겪은 재미있는 이야기나 취미를 화두로 이야기를 시도해보자. 상사도 사람이다. 그에게도 취미나 관심사는 있다. 평상시에 상사와 나누는 대화는 십중팔구 업무이겠지만 가끔은 상사를 편한 친구처럼 대하며 삶과 인생사를 나눠도 좋다. 적절한 수준에서 상사와 업무가 아닌 관심사를 함께 나눌 수 있다면 우정도 쌓을 수 있다.

신임은 아첨으로 얻을 수 없다

상사에게 아첨하는 직원은 되지 말자. 상사를 존중하고 상상의 명령이나 의견을 중요하게 생각해 성실히 따르는 건 당연하지만 이를 상사에게 아첨하라는 뜻으로 이해하면 곤란하다. 상사 앞이라고 무조건 '예스'를 외치지 말자. 만약 자신의 의견이 옳다고 생각하면 강하게 주장할 수도 있어야 한다. 상사의 현명하지 못한 결정에 이의를 제기할 수 없다면 이는 자신의 인격과 존엄을 깎는 행위이자 업무 능력에 악영향을 미치는 행동이다. 현명한 상사라면 순종적이고 주관 없이 눈치만 살피는 부하 직원을 높이 살 리 없다. 이런 직원에게서 건설적인 의견이 나올 리 없고, 업무에 도움은커녕 차질을 줄 수 있다는 점을 상사는 알고 있다.

자신의 인격을 지키면서 비굴하지 않은 자세로 상사를 대하자. 반대 의견을 말할 때도 불안한 마음을 버리자. 현명한 상사라면 사실에 입각한 타당한 의견은 겸허히 받아들인다.

연봉 협상에 필요한 스킬

연봉협상은 직장인에게 가장 민감한 사안이다. 임금 인상은 모든 직장인이 원하는 바이자 중요한 사안이다. 연봉협상에서 성공을 거두려면 어떻게 해야 할까? '알바의 신'인 리츠(李亦)는 이렇게 말했다.

"사장님이 새 업무를 꺼낼 때 제가 먼저 임금 이야기를 할 겁니다. 하지만 그 전에 증명된 업무 능력이 필요하겠죠."

현명한 사람은 업무 성과를 논할 때 연봉 협상을 시도한다.

저우쥔이 입사 3개월 차인 인턴일 때 부서에서는 굉장히 중요한 업무가 진행되고 있었다. 그는 상사와 함께 업무를 성공리에 마쳤다. 상사는 직접 그에게 축하 문자를 보내주었고 어떤 요구든 들어주겠다는 말도 덧붙였다.

그는 자신에게 기회가 왔음을 알아차렸다. 그는 상사가 한가할 때 사무실로 찾아가 단도직입적으로 이야기를 꺼냈다.

"한 주임님, 제 인턴 기간을 줄여주실 수 있나요?"

한주임은 생각했다.

'정직원보다 능력이 뛰어나니 정규직 전환은 당연하지.'

"가능하네, 가서 보고서를 써오게. 내가 인사부과 이야기해보겠네."

"네, 신청서를 작성해 제출하겠습니다."

그는 말을 마치고도 사무실을 나가지 않았다.

"정규직으로 전환되면 월급도 오르겠죠?"

"전환되면 기본 급여도 상향 조정이 되지. 공제되는 부분을 빼면 정규직으로 전환된 신입사원 월급은 4000위안이 조금 넘을 거야."

그는 이전 회사에서 받던 급여명세서를 상사에게 보여주며 말했다.

"사실 제가 생각한 급여는 이 정도입니다. 고려해주실 수 있습니까?"

결과는 성공적이었다. 한 주임은 인재를 놓치지 않기 위해서 자신의 의견을 적극 피력했고, 그의 임금을 이전 회사에서 받던 금액보다 500위안 더 올려주었다.

사실 사장과 직원의 관계는 평등하다. 당신의 능력으로 더 높은 임금을 받아야 한다는 생각이 들면 충분히 말할 권리가 있다. 단 이야기를 꺼낸다면 최대한 정중하고 공손한 어투로 요구사항을 말하자. 물론 인상 문제를 꺼내기 전에 동종 업계 및 자신의 직급에서 임금 수준이 어느 정도인지 사전조사는 마쳐야 한다. 그리고 자신의 능력과 업무 성과에 대해 냉정한 평가를 해두어야 한다. 임금 인상 과정에서 상사가 동의하지 않는다면 다른 보상 조건을 내놓는 방식도 시도해보자. 예를 들면 상여금이나 연차 그리고 교통비 지급 등도 실질적 임금 인상이라 볼 수 있다.

상대의 감정을 배려하면서 의견을 말하자

상사와 견해차가 있을 때는 준비 없이 자신의 의견을 말하지 않는다. 자칫 일이 잘못되거나 오해를 살 수 있다. 상사의 감정이 상하지 않는 범위에서 당신의 의견을 피력하는 방법이 없을까?

우선, 적절한 타이밍을 찾자. 의견을 제시하기 전에 먼저 상사의 오른팔이나 비서를 찾아 업무 근황을 물어보자. 프로젝트 막바지에 상사를 찾아가서 그를 괴롭히는 우를 범하지는 말자. 이때는 산더미 같은 업무로 몸도 마음도 지쳐 있다. 이 밖에도 점심 먹기 전이나 휴가 전에 말을 꺼내 상사의 즐거움을 방해하는 행동도 삼가자.

둘째, 의견을 제시할 때는 상사의 권위를 지켜주자.

"저는 반대입니다. 이런 방법은 실현 불가능하며 이익을 기대하기도 힘듭니다. 제가 보기에 우리는 이렇게 해야 한다고 생각합니다."

이렇게 상사의 권위에 도전하는 언사는 환영받을 수 없다. 참고할 수 있는 의견이나 방안을 건의하는 방법으로 서두를 열자. 상사의 관점이나 방법을 부정하지 않으면서도 자신의 의견을 내놓을 수 있다.

"꼭 맞는다고 할 수는 없지만 참고해주셨으면 합니다. 그리고 제 의견이 조금이나마 도움이 되었으면 좋겠습니다."

건설적인 의견이나 건의라면 상사는 적극 수용하고 받아들인다.

마지막으로 의견을 제시할 때는 개인의 이익이 개입돼서는 안 된다. 개인의 욕심이 배제될수록 의견 수용률이 높아진다. 최대한 회사와 부서의 입장에서 상사와 회사를 위하는 방향의 의견이라는 점을 보여주자.

동료와 좋은 거리를
유지하는 대화법

　　우리는 하루 중 가장 긴 시간을 동료와 보낸다. 그러다 보니 대화 중에 업무 외 이야기도 나오기 마련이다. 험한 분위기에서 말이 오간다면 골치 아픈 일이 생길 수 있다. 따라서 동료와 대화를 나눌 때는 선을 넘지 않는 스킬이 필요하다. 몇 가지 방법을 연습해보자.

사무실에서는 좋은 게 좋다

종일 사무실에 있다 보면 누구와도 얼굴을 붉히는 상황이 생길 수 있다. 이때 끝까지 양보하지 않는다면 스스로 자신을 외톨이로 만드는 결과로 이어진다. 좋은 게 좋다는 생각으로 상황을 해결하는 방법이 가장 이상적이다.

　　이위는 작년 초에 한 판매회사 기획부서로 이직했다. 사장은 그녀의 능력을 높이 사 팀 매니저급 중견간부로 채용할 계획이었다. 그러나 그녀는 사장의 제의를 거절하고 사원에서부터 시작하고 싶다고 밝혔다. 이력이나 경력은 충분했지만 지금 회사에서 영업 관련 경험이 없다는 생각에서였다. 이위와 동갑인 아이리는 회사 창립 멤버였지만 근무태도와 업무능력이 평이해 승진은 더뎠다. 이위는 이 회사로 온 후 아이리를 뛰어넘는 업무 성과를 내고 있었다. 이위의 부하 직원이어야 했을 아이리는 이위가 회사에 발을 붙이지 못하게 암암리에 그녀를 몰아내려 했다.

사실 사장도 이위를 회사로 영입하면 아이리가 반감을 품을 수 있다고 생각하고 있었다. 하지만 아이리는 창립 멤버라 그녀의 체면을 깎거나 난처하게 만들고 싶지 않았다. 사장은 따로 이위를 불러 아이리를 잘 다독이라 부탁했다. 회사 생활에 타격이 있었지만 이위는 사장의 부탁이 있었기에 참고 버텼다. 그녀의 이런 태도에 아이리는 더 기고만장해졌고 이위를 괴롭혀도 되는 사람으로 생각해 정도가 더 심해졌다.

어느 날 영업부 매니저가 아이리의 기획서에 큰 문제가 있다고 지적하자 아이리는 너무도 태연하게 책임을 이위에게 넘겼다.

"이건 이위의 생각이었어요, 전 그녀가 생각한 대로 한 것뿐이에요. 문제가 있으면 그녀에게 따지세요."

이 말에 이위는 화를 참지 못하고 폭발하고 말았다. 아이리가 자리로 가서 앉자 이위는 다른 동료가 보는 앞에서 기획안을 아이리 책상으로 집어 던지며 불같이 화를 냈다.

"그건 거짓말이죠! 내가 낸 아이디어가 아니었습니다! 다시 그런 거짓말을 하면 가만두지 않을 거예요!"

상황이 이상하게 돌아가자 동료가 사장에게 이 사실을 알렸다. 사장은 이위가 화를 낸 부분에 대해서는 질책하지 않았지만 아이리를 감싸 주지 않았다며 나무랐다. 이런 비슷한 사건이 반복되자 그녀의 인내심은 바닥이 났다. 사장은 그녀의 업무능력을 높이 평가했지만 이위가 성격이 모나고 어린아이 같다는 생각이 들었다.

이런 상황에서 이위의 처세방식이 달랐다면 충돌 없는 좋은 결과를 냈을 것이다. 탁자 위로 던진 서류는 부정적인 결과만 낳았다.

충돌을 막는 올바른 방법은 회피가 아니다. 적극적인 해결의지이다. '좋은 게 좋다'는 생각은 위축되거나 타협하라는 이야기가 아니다. 상대를 이해하고 타인을 존중한다는 전제하에, 자신의 권리와 이익을 정확하게 파악해 적당한 수완으로 충돌을 하나씩 해결해야 한다. 이렇게 하면 이익과 명예를 지키면서 상대가 당신을 쉬이 해코지할 수 없는 상황을 만들 수 있다. 상대도 당신이 자신을 보호하는 능력이 뛰어나다는 사실을 인지한다면 더는 당신을 얕잡아 보지 못한다.

잘못은 즉시 바로잡아야 한다

실수 없는 완벽한 사람은 없다. 직장생활도 마찬가지다. 동료와 지내면서 잘못을 한다면 타인의 질책을 두려워하지 말고 잘못을 인정하고 즉시 바로잡아야 한다. 자신의 약점과 실수 앞에서 용감하게 인정하고 바로잡을 수 있다면, 실수가 가져오는 악영향을 최소한으로 줄일 수 있다. 동시에 동료의 기분을 잘 맞춰준다면 당신의 실수는 쉽게 용서받을 수 있고 신뢰도도 높일 수 있다.

샤오장은 재무부서의 회계 보조 직원이었다. 한번은 급여 결제 실수로 샤오리의 휴가 신청서를 계산에 넣지 않아 샤오리가 월급을 더 받았다. 그 후 장부 대조를 하다 그 사실을 알게 된 샤오장은 샤오리에게 바로 더 받은 급여를 돌려 달라고 요구했지만, 뜻밖에도 샤오리는 그녀의 제안을 거절했다. 두 사람의 대치는 계속되었다. 샤오장은 결국 징계를 받을 각오를 하고 사장에게 자신의 실수를 털어놓았다.

불똥은 재무부서로 튀었다. 하지만 샤오장은 모든 게 자신의 실수이니 자신이 다 책임지겠다며 재무부와는 무관하다고 거듭 강조했다. 그녀가 자신의 잘못을 인정하는 모습에 사장은 더는 그녀를 추궁하지 않았다. 이후 샤오장은 샤오리의 급여 명세서를 다시 작성해 샤오리에게 더 준 월급을 돌려받으며 상황을 수습했다. 사장은 그녀가 자신의 잘못을 바로잡는 과정에서 변명하거나 회피하지 않고 책임감을 보이는 모습을 높이 평가했다.

자신의 잘못을 용감하게 시인할 수 있는 사람은 죄책감에서 벗어날 수 있으며, 잘못을 해결하는 과정에서 타인의 존중을 얻을 수 있다.

동료 앞에서 자신을 과대포장하지 말자

회사 생활을 하다 보면 자신을 과대포장하는 사람이 한둘쯤 있기 마련이다. 그들은 언변이 좋고 약삭빠르다. 이런 사람은 자신을 드러내길 좋아하고 다른 사람이 자신의 대단한 능력을 알아줬으면 한다. 그들은 남의 주목을 받기 위해 자신을 과대포장을 해야 한다고 생각하지만, 사실은 정반대다. 이런 사람들은 직장 동료의 신임을 얻기 힘들다. 진정한 능력은 허풍으로 만들어지지 않는다. 꾸준한 자기 계발과 강한 의지가 필요하다. 직장에서 자신의 입지를 다지고 싶다면 능력 개발에 주력하자. 허풍은 답이 아니다.

노자가 말했다.

"좋은 상인은 깊이 숨기고 없는 것같이 한다. 군자도 속에 많은 덕을 지니고 있더라도 밖의 표정은 어리석은 척해야 한다."

상인은 자신의 보물을 감추고 군자는 자신의 고매한 인품을 밖으로 드러내지 않는다는 뜻이다. 무슨 일을 하든 자신의 뛰어남을 어느 정도는 감춰야 한다. 장소를 가리지 않고 자신을 과대포장하며 없는 재능을 자랑하지 않아야 한다. 특히 이런 행동을 절대 삼가야 할 장소가 바로 회사다.

비밀은 공유하지 않는다

눈은 마음의 창이고 입은 마음의 문이다. 당신이 생각하는 바가 이 문에서 나가 남에게 전달된다. '병은 입으로 들어오고, 화는 입으로 나간다.'는 속담처럼 동료와의 대화에서 경각심을 잃지 말아야 한다. 입조심은 아무리 강조해도 지나치지 않다. 실언이 없으면 그만큼 화근도 사라진다.

한 회사에서 리우위엔과 장웨이를 경원지원부의 부팀장 후보로 뽑았다. 사장은 두 사람을 따로 불러 한 달 동안 지켜보고 평가한 뒤 한 사람만 선출하겠다고 알렸다. 리우위엔은 장웨이를 숙소로 초대해 술을 마셨다. 밤이 깊어서까지 계속되는 술자리에서 리우위엔은 자신의 주량을 이기지 못하고 취해버렸다. 하지만 장웨이는 술을 마시면서도 긴장의 끈을 놓지 않아 꽤 큰 수확을 얻을 수 있었다. 술에 취한 리우위엔이 술자리에서 지금까지 아무도 모르던 자신의 비밀을 말해버린 것이다.

"대학에 떨어지고 나서 기분은 말할 것도 없고 할 일도 없어 막막했지.

어느 날 친구 둘과 함께 술을 마시고 집으로 돌아오는 길에 세워둔 오토바이 한 대가 보였어. 그때 한 친구가 보는 사람이 아무도 없다며 그 오토바이로 우리를 집까지 바래다줬어. 우리 집이 제일 가까워서 맨 처음 도착했지. 둘은 집으로 가던 도중 경찰에 붙잡히고 말았지 뭐야. 그들이 나를 공범으로 지목해서 나도 형을 살았어. 복역하고 나서 사방으로 직업을 구하러 다녔지만, 전과가 있어서 어떤 회사에서도 나를 받아주려 하지 않았어. 나는 어쩔 수 없이 친구 소개로 이곳에서 아르바이트를 시작했지. 나는 과거의 잘못을 반성하고 정말 열심히 일했고 상사의 신임을 얻었어. 어찌 되었든 우리는 이 기회를 소중하게 생각하자."

며칠 후 인사부는 예고 없이 장웨이를 부매니저로 승진시켰고 리우위엔은 경영지원부의 다른 자리로 발령이 났다. 인사이동 후 리우위엔은 장웨이가 어떤 수를 썼는지 알 수 있었다. 술 마신 다음 날 장웨이는 사정실로 찾아가 리우위엔이 전과자라는 사실을 보고한 것이다.

자신의 비밀을 동료에게 알릴 필요는 없다. 감당하기 힘든 지난 일을 회상하며 들춰낼 필요는 더더욱 없다. 그저 그런 실수는 다시 반복하지 말아야겠다는 결심이면 충분하다. 자신의 사생활을 남에게 말하지 않는다고 하여 나쁠 것은 없다. 비밀이 당신을 겨누는 화살이 된다면 많은 것을 잃을 수 있다.

부하 직원의
지지를 얻는
대화법

사장은 회사에서는 책임자이고 밖에서는 대표이다. 사장은 뛰어난 언변으로 많은 이의 지지를 얻어야 한다. 대화의 스킬은 사장이라면 꼭 가져야 하는 능력이다.

만약 당신이 사장이라면 부하 직원과의 원만한 대화를 위해 어떤 스킬을 익혀야 할까?

어떤 대화라도 지켜야 할 선이 있다

훌륭한 사장은 어떤 대화에서든 선을 넘지 않으려 주의를 기울인다. 말이 너무 많아 대화가 길어지지는 않는지, 말수가 적어 대화가 짧지는 않은지, 너무 감정이 격해지거나 가라앉지는 않는지 등이다. 특히 남자 사장이라면 여직원과 대화할 때 신중해야 한다. 단어 사용에도 주의를 기울여 말실수를 줄여야 한다. 여성의 나이나 결혼 여부, 가정사 등 사생활과 관계 있는 질문은 될 수 있으면 피하는 게 좋다.

사원을 칭찬할 때는 진심을 전하자

사원이라면 누구나 사장의 칭찬을 바란다. 칭찬은 상대를 가치 있는 사람이라고 느끼게 해주기 때문이다. 하지만 칭찬을 할 때는 기술이 필요하다. 상대가 들었을 때 진심 어린 칭찬을 해야 한다. 뛰어난 업무 능력을 정확하게 짚지 않은 두루뭉술한 칭찬은 아무 효과가 없다. 업무 부분을 구체적으로 칭찬하면 더 좋은 효과를 기대할 수 있다.

이 외에도 실제 상황에 맞는 객관적 사실을 칭찬해야 원활한 소통이 가능해진다. 만약 상사가 부하 직원에 대한 이해가 부족한 상황에서 칭찬으로 사원을 고무시키고자 한다면 지금 바로 보이는 부분부터 최대한 구체적으로 칭찬해야 한다.

나무랄 때에도 선은 지킨다

사장으로서 한 가지 알아야 할 사실이 있다. 직원마다 훈계를 견디는 능력과 방식이 다르다. 그들의 나이와 경력, 학력과 성격적 특성이 다르기 때문이다. 어떤 직원이냐에 따라 훈계방식도 달라야 한다. 예를 들어 자존심이 센 직원이라면 스스로 잘못을 깨닫게 하는 방식이 이상적이며, 성격이 민감한 직원이라면 완곡한 방법을 취해야 하고 될 수 있으면 직접적인 언사는 피해야 한다. 강직한 성격의 직원이라면 직설적인 방법이 좋다. 이런 성격은 빙빙 돌려 이야기하는 방식을 싫어하기 때문이다. 문제가 심각한 사안이라면 처리도 쉽지 않아 공개적으로 훈계하는 편이 좋다.

이 밖에도 사장이 직원을 꾸짖을 때에는 한 가지 방법만 고집하기보다는 융통성 있는 자세가 좋다. 결론은 사장이라면 다양한 각도로 사안을 판단할 수 있는 데이터를 통해 직원들이 스스로 반성할 수 있는 환경을 만들어야 한다. 반감 없이 잘못을 인정하고 고칠 수 있는 사내 분위기가 조성되면 업무 효율을 높일 수 있다.

훈계 한 번에 칭찬 세 번

사장이라면 적절한 타이밍에 적당한 화를 내야 한다. 특히 원칙적인 부분이나 공개적인 장소에서 문제가 발생해 책임이 있는 직원을 꾸짖었으나 아무 효과가 없었다면 화를 내서라도 직원의 기를 눌러야 할 필요가 있다. 사장이 직원의 입장을 배려하면서 문책했는데 직원이 고집을 꺾지 않는 상황이라면 화를 내야 한다.

하지만 화를 낼 때도 선은 넘지 말아야 한다. 도를 넘는 말이 나갔다면 설득력은 떨어지고 다수의 분노를 살 수 있다. 사람이 많은 공식 석상에서 개인의 잘못을 들춰내 마음에 상처를 주는 일도 피해야 한다. 이런 일은 만회가 어렵다.

노련한 사장은 '한 번 꾸짖고 세 번 보듬는' 방법을 사용한다. 불같이 화를 내든 조용히 꾸짖든 화를 낸 후에는 직원을 잘 다독여 마음을 풀게 하는 비법이 있어야 한다.

이때에도 상대를 봐서 각기 다른 방법을 취해야 한다. 성격이 무난한 직원이나 이해심 있는 직원과 일하기는 어렵지 않다. 그들은 사장이 화를 내도 마음에 담아두기보다는 이해하려 한다. 그들은 몇 마디 말만으로도 금세 풀어진다. 하지만 속 좁은 직원이나 자존심이 센 직원과 원만하게 지내기란 쉽지 않다. 그들은 사장이 화를 내면 마음에 담아두고 쉽게 풀지 않는다. 따라서 세심한 주의와 노력이 필요하다. 좋은 말로 다독여주고 보상할 기회를 찾아보자. 서운한 마음을 바로 풀어주기보다는 점차 진심을 전하려 노력한다면 그들의 원망도 점차 사그라질 것이다.

고객의 마음을 여는 대화법

직원은 고객을 대할 때 격에 맞는 언어 사용에 주의를 기울여야 한다. 고객의 감정까지 생각한 대화로 목적을 쉽게 달성할 수 있다. 언변이 좋은 직장인은 무림의 고수와 같다. 그들은 서 말 구슬을 꿰어 보배로 만드는 이들이다. 고객은 그들이 건네는 진심 어린 말에 마음을 열고 그들의 한 마디 한 마디에 고개를 끄덕인다. 고객을 설득하려면 어떤 스킬을 갖춰야 할까?

고객의 입장에서 생각하자

고객 편에 서서 문제를 생각해보고 그들이 무엇을 필요로 하는지 이해하려는 자세가 필요하다. 진심 어린 고객 응대만이 고객의 신뢰를 얻어낼 수 있다.

단단과 샨샤는 식도락가다. 한번은 둘이 호텔에서 식사하고 있었다. 메뉴판에 보이는 현란한 메뉴를 보면서 단번에 요리 8개를 주문했다. 이때 옆에 있던 종업원이 조용히 말을 꺼냈다.

"두 분이 식사하시는 건가요?"

단단과 샨샤가 고개를 끄덕이자 그가 말을 이었다.

"그러면 요리가 너무 많습니다. 공빠오지딩과 라즈지딩, 어향가지와 홍소가지는 식재료가 겹치니 두 가지 중 하나만 시켜도 충분합니다. 아쉽다면 다음번에 시켜드세요. 저희 식당은 양이 많아서 요리를 많이 시키면 두 분이라 남길 수 있습니다. 음식을 포장해가면 맛이나 식감이 많이 떨어질 겁니다."

단단과 샨샤는 의아한 생각이 들었다.

"저희가 돈을 많이 쓰면 좋은 거 아닌가요? 이렇게 손님을 생각해주기가 쉽지 않은데."

종업원은 웃으며 말했다.

"많이 이용해주시면 좋지만 그렇다고 고객이 돈 낭비를 하게 둘 수는 없습니다."

단단과 샨샤는 종업원의 의견대로 요리를 줄였고 다음번에도 이곳으로 오자고 약속했다.

고객의 처지에서 그들의 소비가 가져다줄 즐거움과 장점을 정확하게 이야기하자. 돈을 바라서 물건을 판다기보다는 고객들의 입장까지 고려한다는 생각이 전달된다면 지갑은 저절로 열린다. 이 방법은 모든 손님에게 통한다.

거짓말은 고객에게 통하지 않는다

거짓말을 하지 않는 사람은 없다. 다른 이를 위로하거나 자신의 마음을 달래기 위한 선의의 거짓말도 있고, 위기 상황을 모면하기 위한 거짓말도 있고, 이익을 얻으려고 하는 거짓말도 있다.

　판매자는 고객과 철저한 이익관계를 맺는다. 이런 관계일수록 고객에게 하는 거짓말은 득보다 실이 더 크다. 고객에게 진실을 전해야 그들의 신뢰를 얻을 수 있다.

　부동산 중개업자 왕씨에겐 조금 골치 아픈 매매 건이 있었다. 교통은 편리하지만, 소음 문제가 있는 부지였다. 땅을 알아보고 있는 손님이 왕씨를 찾아왔다. 그는 단도직입적으로 그 부지를 손님에게 설명했다.

　"이 땅은 목이 좋고 교통도 편리합니다. 다른 부지와 비교해볼 때 가격도 저렴해서 손님이 찾는 조건에 딱 맞습니다. 하지만 가격이 저렴한 이유가 있습니다. 이곳은 목재 공장과 가까워 소음이 심한 편입니다. 쉴 때 방해가 될 수 있는 정도입니다. 만약 이런 소음을 참을 수 있다면 고려해볼 만합니다."

　얼마 후 이 손님은 다시 왕씨에게 전화해 이 땅을 사고 싶다고 말했다.

　"지난번에 소음 문제를 알려 주셔서 직접 가보았습니다. 그런데 소음이 생각보다 크지 않았어요. 제가 거주를 목적으로 이 땅을 사려는 게 아니라 작은 공장을 지을 생각이라 이 부지면 아주 만족합니다. 사실대로 이야기해주셔서 오히려 마음이 놓였어요. 만약 이 사실을 숨기려 했다면 이 땅을 사지 않았을 겁니다."

왕씨는 솔직했기 때문에 땅을 팔 수 있었다. 적절한 말로 진심을 전할 수 있다면 고객의 신임을 얻을 수 있다. 고객도 당신이 믿을 만한 사람이라는 생각이 들어 즐거운 대화가 가능해진다. 서로 경계하지 않는 대화가 가능하다면 당신은 원하는 목적을 이룰 수 있다.

고객과 공감하자

프랑스 비즈니스 세계에서는 전설 같은 일화가 전해지고 있다.

오래전 프랑스에 아얼와라는 영업사원이 있었는데 그는 한 인도 장군과 군사 무기 사업을 논의해야 했다. 아얼와는 전화 통화를 해보았지만, 장군의 태도는 너무 차가웠다. 그는 결국 직접 찾아가 이야기를 나누어 보기로 했다.

장군의 사무실로 들어가자 장군이 먼저 이야기를 꺼냈다.

"저는 바쁜 사람입니다. 너무 많은 시간을 빼앗지 않길 바랍니다."

아얼와는 잠시 뜸을 들이다 누구도 예상치 못한 이야기를 꺼냈다.

"장군께 정말 감사드립니다. 저희 회사에 이렇게 강경한 태도를 보여주신 것에 깊은 감사를 드립니다."

장군은 순간 멍해져서 어떤 대꾸도 하지 못했다.

그는 담담하게 이야기를 이어갔다.

"장군 덕분에 저는 행운을 얻었습니다. 제 생일에 고향으로 돌아올 수 있었거든요."

"인도에서 태어났나요?"

장군의 냉담한 얼굴에 한줄기 미소가 번졌다.

"그렇습니다."

아얼와가 말을 이었다.

"인도의 유명한 도시 캘커타에서 태어났습니다. 당시 아버지께서 프랑스 회사의 주재원으로 인도에 계셨습니다. 인도 사람들은 굉장히 친절했습니다. 4살이 되던 생일에 한 이웃 아주머니께서 제게 작고 귀여운 장난감을 선물로 주셨습니다. 저는 인도 친구와 함께 코끼리를 타고 놀며 제 생애 가장 행복한 하루를 보낼 수 있었습니다. 그해 부모님과 고국으로 돌아오는 길에 한 인도인과 함께 배를 타는 영광을 누릴 수 있었습니다. 이게 그분과 함께 찍은 사진입니다."

아얼와는 서류가방을 열어 빛바랜 사진 한 장을 꺼내 매우 조심스러운 손길로 장군에게 건넸다.

"이번에 제가 고향으로 왔으니 그분의 무덤에 가볼 생각입니다."

"아니 이분은 간디군요? 옆에 있는 꼬마가 바로 당신이고요?"

장군은 놀랍고도 기쁜 표정으로 아얼와의 손을 잡았다.

"당신이 이분과 인도인에게 가지고 있는 우호적인 감정에 제가 더 감사드립니다."

아얼와가 장군과 작별인사를 나눌 때 거래는 이미 성사되어 있었다.

고객과의 심리적인 거리를 좁혀 마음을 사야 한다. 공감을 통해 대화를 나눌 수 있다면 고객은 당신을 친구로 받아들인다. 이때쯤이면 당신의 물건을 사겠다는 결정을 하고 있을 것이다.

부부가 서로를 존중하는 대화법

결혼은 두 사람에게 있어 또 하나의 시작이다. 사랑은 쉽지만, 함께하는 생활은 쉽지 않다. 부부가 조화로운 선율로 오랫동안 아름다운 협주곡을 연주하려면 어떻게 해야 할까? 훌륭한 대화는 부부를 이어주는 접착제가 될 수 있다.

칭찬과 격려는 배우자를 춤추게 한다

대화를 잘하는 똑똑한 부부라면 잔소리나 원망은 절대 하지 않는다. 그들은 항상 상대의 장점을 찾아내 칭찬을 아끼지 않는다. 부부간의 금실이 좋을 수밖에 없다. 반대로 대화를 못하는 부부는 적절치 못한 상대의 언행으로 감정이 상하고 불행해진다. 우리가 잘 아는 나폴레옹 3세의 결혼생활은 절세 미녀였던 유진 황후의 쉴 새 없는 잔소리와 원망 때문에 비극으로 끝맺었다.

유진과 사랑에 빠진 나폴레옹 3세는 이렇게 말했다.

"저는 당신을 존경하고 사랑하고 있습니다. 이렇게 저를 빠져들게 했던 여성은 없었습니다."

그 후 그는 이 아름다운 여성을 자신의 황후로 맞이했다. 하지만 황후가 된 유진은 항상 남편을 나무라기 일쑤였으며 아주 작은 잘못도 그냥 넘어가지 못하고 잔소리를 늘어놓았다. 그녀는 질투심도 강해서 항상 남편 주변의 예쁜 여성을 괴롭힐 방법을 찾아내곤 했다. 결국, 나폴레옹 3세는 부인을 멀리하고 다른 여성과 밀회를 즐겼다.

남편과 아내는 배우자를 원망하기보다는 칭찬하는 법을 배워야 한다. 설교하는 말투나 잔소리보다는 칭찬과 격려가 배우자를 더 좋은 방향으로 변하게 한다. 이런 방법으로 부부 관계는 더 바람직한 방향으로 흘러갈 수 있다.

진심 어린 쓴소리도 필요하다

부부 사이의 대화는 부드럽고 따듯해야 한다. 하지만 이런 대화에서도 원칙이 필요하고, 무조건 상대방에 맞추는 것도 지양해야 한다. 부드럽고 따듯한 대화라면 가끔 잘못을 지적하는 내용이 있더라도 기분 나빠하지 않고 수용할 것이다.

중년 남성이 젊고 아름다운 여성을 만나 결혼을 했다. 식사 때마다 부인은 그에게 살가운 목소리로 물었다.

"오늘 음식은 어때요? 입맛에 맞나요?"

남자는 부인을 실망하게 하고 싶지 않아 항상 이렇게 대답했다.

"맛있어요, 나는 좋아요."

하지만 그는 식사 때마다 밥 한술에 물 한 번을 마셔야 했다. 음식이 소태만큼 짰다. 그 후 남자는 친구에게 이 고민을 털어놓았다. 친구는 그에게 방법을 알려주었다.

그날 저녁 부인이 다시 음식에 관해 묻자 그는 기다렸다는 듯 대답했다.

"조금 짜지만 맛있어요."

이 말을 들은 부인은 화를 내지 않았다. 오히려 남편이 사실대로 말해준 덕분에 요리 실력을 키울 기회를 잡았다고 말했다.

완곡하고 부드러운 어투

부부간의 효과적인 의사소통은 보통 화기애애한 분위기 속에서 이루어진다. 이런 분위기에서 오가는 대화는 상대의 마음을 유쾌하게 만들기 때문이다. 당신이 배우자의 도움이 필요하다면, 절대로 명령을 내리는 듯한 언행은 삼가야 한다. 완곡하고 부드러운 어투로 아이를 데리러 가주면 좋을 것 같다고 이야기해보자.

부인이 말했다.

"자기야, 오늘 회사 일이 너무 많아서 바쁘네, 피곤하기도 하고. 당신이 애 좀 데려와요. 밥도 하고."

남편은 이 말에 화부터 났다.

"나는 안 바쁠 것 같아? 월말이라 써야 할 보고서가 많다고."

부인도 화가 나기는 마찬가지였다.

"바쁘겠지. 그런데 당신만 바빠? 집안일은 왜 내가 다 해야 해?"

남편도 지지 않고 받아쳤다.

"이 집의 궂은일과 피곤한 일은 왜 내가 다 해야 해?"

만약 당신이 말을 잘하는 부인이라면 상냥한 말투로 남편에게 이렇게 부탁했을 것이다.

"오늘 정말 바쁘네. 저녁에 야근도 해야 할 것 같은데 당신이 아이 데리러 갈 수 있어? 재료는 냉장고에 다 있는데 꺼내서 반찬 몇 가지만 만들어주면 안 될까? 부탁할게. 내일은 당신이 편하게 일할 수 있도록 내가 다 할게."

가정에서 흔히 일어나는 상황이다. 상압석인 말투보나는 부드러운 말투로 이야기하면 상대도 흔쾌히 이를 받아들인다. 상대를 존중하고 부탁하는 태도는 상대를 더 흔쾌히 움직이게 한다. 부부간에 대화는 항상 의논하는 분위기에서 진행해야 한다.

상처를
최소화하는
부부 싸움의 기술

넓은 세상에서 그 많은 사람 중 두 사람이 만나 한 가정을 이루는 일은 쉽지 않다. 그렇기에 부부는 사랑을 소중히 여겨야 한다. 하지만 살다 보면 서로 아끼고 사랑한다고 하더라도 감정이 상해 다투는 일은 피할 수 없다. 이런 마찰을 피하기 어렵다면 이런 상황이 주는 영향을 최소화하기 위해 몇 가지 기술을 배워보자. 만약 이 기술을 익힌다면 부부 싸움이 나도 서로 감정이 상하는 일은 막을 수 있다. 다음 일화를 보면서 기술을 익혀보자.

배우자도 화를 낼 수 있다는 사실을 인정하자

아무리 서로 아끼고 사랑해도 질투나 걱정 때문에 화를 내는 일은 언제든지 일어날 수 있다. 만약 당신이 이 점을 인지하고 있다면, 이런 부정적 감정이 상대에 대한 애정이 사라졌다는 신호가 아니라는 것을 알기에 당황하지 않을 수 있다. 당신의 반려자는 어떤 어쩔 수 없는 일 때문에 우울해져서 당신을 이전처럼 살갑게 대하지 않거나 짜증을 낼 수 있다. 이럴 때 화를 내서는 안 된다. 그 대신 관심 어린 말투로 물어보자.

"여보, 내가 뭘 잘못해서 화가 났어?"

만약 당신 때문에 화가 난 게 아니라고 대답하면 다시 이렇게 물어보자.

"무슨 일이 있었는지 말해줄래?"

배우자가 원치 않는다면 더는 귀찮게 하지 말자. 문제를 잘 해결하리라 믿고 있다는 정도의 간단한 위로로 격려해주자. 당신이 무슨 일인지 물어보고 위로하고 격려해주었으니 나머지는 배우자 자신이 해결해야 할 몫이다.

현재만 논하고 과거는 접어두자

부부간의 말다툼에는 도화선이 있다. 과거를 언급하는 순간 문제는 더 복잡해지고 어려워진다. 싸울 때는 지금 일어난 일만 가지고 이야기해서 끝내야 한다. 이 사건과 연관된 과거의 일까지 언급하는 우를 범하지 말자. 또 배우자에게 가진 불만을 부모와 형제자매에까지 확대하는 일은 절대 하지 말아야 한다.

말다툼을 멈출 때를 알아야 한다

다투다 보면 이기고자 하는 마음에 자신이 옳다며 상대를 압박하는 부부가 있다. 서로 자기가 맞는다고 우기며 이유를 들어 상대에게 잘못이 있다고 주장한다.

사실 부부 싸움에서 잘잘못이 분명한 경우는 거의 없다. 부부간의 문제는 복잡하게 얽혀 있어서 시시비비를 분명하게 가릴 수 없는 경우가 대부분이다. 말다툼해도 문제가 해결되지 않는다면 당신이 먼저 휴전을 제안하자.

이 상황을 끝내기 위해 먼저 이렇게 말해보자.

"이렇게 싸우는데도 문제 해결이 안 되니, 잠시 멈추자. 계속하면 몸도, 마음도 다칠 거야. 마음을 가라앉히고 밥부터 먹자. 이 문제는 나중에 다시 얘기하자."

말을 마치면 상대가 어떤 말을 어떻게 하든 대꾸하지 말자. 시간이 흐르면 상대도 그런 말다툼이 불필요했다는 점과 당신이 현명하고 지혜롭다는 사실을 깨닫게 될 것이다.

헤어지자는 말을 함부로 하지 말자

헤어지자는 말을 들으면 마음이 착잡해진다. 서로 사랑하는 부부더라도 상대에게 상처 주고 싶다는 일시적 충동으로 헤어지자는 말을 꺼낼 수 있다. 정말 헤어지고 싶어 꺼내는 말이 아니다. 그저 상대를 겁주거나 굴복시키고 싶은 마음에 나온 소리다.

이때 만약 상대가 지기 싫어하는 사람이라면 역시 헤어지자는 이야기로 응수한다. 이렇게 상황이 진행되면 결국 이 무서운 말은 현실이 될 수 있다. 헤어지자는 말을 꺼내는 것은 현명한 행동이 아니다.

이간질은 삼가자

누구에게나 우정과 혈육 간의 정 그리고 사랑이 있기 마련이다. 배우자 앞에서 그의 친구나 친척 그리고 가족을 헐뜯는 말을 자주 꺼내는 사람이 있다. 단지 화가 나서 하는 말이라 할지라도 결과적으로는 배우자와 그들의 관계를 멀어지게 만들 수 있다. 이렇게 시간이 지나다 보면 부부 사이의 감정이 상하는 결과가 생길 수 있다.

잘못은 들춰내지 않고 덮는다

부부싸움은 정상이다. 하지만 말을 가려 하지 않고 상대의 잘못을 들춰내는 사람이 있다. 심지어 다른 사람 앞에서 배우자에게 창피를 주는 사람도 있다. 배우자를 굴복시키려고 한 이러한 행동은 종종 정반대의 결과를 가져온다. 상대의 잘못을 들춰내는 행동은 부부 사이를 멀어지게 만들 뿐이다. 먼저 상대를 존중해야 자신도 존중과 사랑을 받을 수 있다. 그 때문에 항상 존중하고 긍정하는 자세로 배우자를 대할 수 있어야 한다. 트집을 잡기보다는 상대의 부족한 점과 단점을 받아들이려 노력해보자. 또한, 장점을 발견하고 상대가 빛나는 순간에 칭찬할 수 있어야 한다.

질투는 적당한 선에서

우리는 부부 사이에 벌어지는 귀여운 질투를 종종 볼 수 있다. 그중 아내의 질투는 굉장히 다양하다. 현명한 아내라면 남편이 선을 넘는 외도를 하기 전에 적절한 질투를 보이며 자신의 불쾌함을 넌지시 알린다. 이런 방법으로 남편은 아내가 자신의 행동을 이미 알고 있다는 사실을 인지하고 위험한 선을 넘지 않는다.

4장

분위기를
살리는 말을
배워라

인생은 무대다. 일막이 끝나면 또 다른 일막이 시작된다. 무대 위에서는 겉치레 같은 대사가 자주 등장한다. 예의상 하는 공치사나 듣기 좋은 겉치레 말은 위선적으로 보일 수 있지만 적절하게 사용하면 대화에 맛있는 양념이 될 수 있다. 진심을 담아 건네는 기분 좋은 말로 무대 위의 스타가 되어보자.

겉치레 말을
잘 사용하는 법

겉치레 말은 직장생활에 윤활제가 될 수 있다. 과하지 않은 겉치레 말을 적절하게 쓸 줄 아는 능력은 직장생활을 잘하는 비결이다.

인사치레 말을 판단하는 능력

직장에서 우리는 인사치레로 오가는 말들을 구별할 줄 알아야 한다. 진심으로 진지하게 하는 말과 인사치레로 하는 말을 구분할 수 있어야 적절한 응대가 가능하고 큰일도 원만하게 처리할 수 있다. 하지만 직장에서 오가는 의미 없는 인사치레를 구별하지 못하는 '순정파'도 있다. 승강기 안에서 일어났던 다음 일화를 살펴보자.

출근길 아침 하오먀오먀오는 승강기 안에서 부사장을 만났다. 그녀가 공손하게 인사하자 부사장도 그녀에게 몇 마디 인사말을 했다.

"자네가 홍보부 직원 하오먀오먀오인가? 반갑네."

대화는 여기서 끝났어야 했다. 그러나 부사장이 자신을 알아봐 준 것이 너무 기쁜 나머지 하오먀오마오는 장황하게 말을 이어갔다.

"네, 지는 하오먀오먀오입니다. 14층 1409호에서 일하고 있습니다. 제 성은 굉장히 쉽습니다. 적(赤)자에 귀를 하나 붙여주면 됩니다. 이 적(赤)자는 붉다는 뜻으로……."

부사장은 연신 고개를 끄덕였고, 승강기 안에 있는 다른 사람들은 웃음을 꾹 참고 있었다.

이야기 속 여주인공은 인사치레로 오가는 말에 적절한 대응을 못해 주위 사람의 비웃음을 사고 말았다. 타인이 예의상 하는 말인지, 그렇지 않은지를 정확하게 판단할 수 있는 능력이 필요하다. 입에 발린 칭찬이나 비행기태우기를 분별하지 못하고 우쭐하는 일은 피해야 한다.

예의상 하는 말을 제대로 하는 법

직장생활을 하다 보면 겉치레 말을 해야 하는 상황이 온다. 우리는 겉치레하는 말로 화자의 지적 능력과 감성 능력을 판단할 수 있다. 몇 가지 팁만 익힌다면 힘들이지 않고 할 수 있다.

첫째, 심리를 알아야 한다. 처지를 바꿔 상대가 수용 가능한 수준에서 이야기하자. 비판해야 한다면 너무 귀에 거슬리는 말은 삼가자.

둘째, 상대의 성격과 캐릭터를 알아야 한다. 청자의 수용범위와 이해여부를 알아야 겉치레 말의 경중을 가릴 수 있다.

셋째, 겉치레 말에도 지켜야 하는 선이 있다. 누가 들어도 거짓말 같은 말로는 불신만 살 뿐이다.

넷째, 최대한 배려하는 태도가 필요하다. 인사치레 말을 할 때에도 유머를 곁들여 타인의 어려움이나 실수를 포용할 수 있는 태도를 보이자.

회사 주인인 마 사장은 겉치레 말을 잘하는 사람이었다. 회의에 늦을까 봐 급히 뛰어오던 동료 샤오장이 계단에 걸려 넘어지고 말았다. 마 사장은 웃으며 말했다.

"샤오장, 그렇게 큰절을 하다니! 걱정하지 말게, 여기는 다 선배들이니 모두 다 자네 일을 잘 도와줄 거야."

샤오장도 덩달아 웃고 말았다.

겉치레 말도 잘 사용하면 난처한 상황을 타개하거나 문제를 해결하는 데 요긴하게 쓸 수 있으니 분명 배워볼 만하다.

겉치레 말에는 책임이 뒤따른다

겉치레 말은 위선이 아니다. 상사가 부하 직원에게 '잘한다', '훌륭하다' 같은 적절한 칭찬을 하면 사기가 높아지고 업무 능력도 향상된다. 효율도 몇 배는 높아진다.

출판사 편집장 하이타오의 주요업무는 직원들과 함께 사장의 지시에 따라 작가군을 발굴하는 것이다. 고료가 높지 않아 우수한 작가를 찾기가 쉽지 않은 상황이었다.

어느 날 한 작가가 하이타오에게 전화로 마감기한을 지키기 힘들다고 말하자 그는 마음이 조급해졌다. 이 작품을 기다리는 사장도 마음에 걸렸고, 책 홍보 포스터도 이미 나온 상황이었다. 손을 쓸 수 없는 상황처럼 느껴져 마음이 조급해졌다. 이때 사장이 그에게 와서 물었다.

"무슨 일 있나? 어려운 일인가? 내가 도울 일이면 말하게."

이 몇 마디로 그의 마음은 안정을 되찾았다. 그는 웃으며 대답했다.

"별일 아닙니다. 서랍장 열쇠가 안 보여서요. 못 찾으면 새로 한 세트 맞추면 됩니다."

사실 사장도 그의 난처한 표정을 보고 예의상 건넨 말이었다. 상황을 일일이 들어줄 시간은 없었다. 만약 하이타오가 그 상황에서 일의 경위를 보고했다면 이는 적절한 행동이 아니었다. 하지만 당시 사장이 건넨 몇 마디는 하이타오에게 상황을 이겨낼 수 있는 용기를 주었다. 작가와 원고 납기일을 잘 조정하면 될 일이라는 생각이 들었다.

하이타오가 했던 대답도 겉치레 말이라 할 수 있다. 그의 대답을 듣고 사장은 안심할 수 있었고 마음도 편해졌다.

적절한 겉치레 말은 사람을 고무시킬 수도 있고, 동료 간의 관계 개선에도 도움이 된다. 이때, 자신이 내뱉은 말은 꼭 지키려는 노력이 필요하다. 신용 없는 사람으로 낙인찍힐 수도 있기 때문이다. 겉치레 말의 적절한 사용과 판단이 필요한 이유다. 예의상 대답만 하면 될 일에 정색하며 거절하거나 예의상 한 말에 너무 큰 기대를 거는 일은 없어야겠다. 예의상 하는 말을 정확하게 판단할 수 있어야 직장에서 원만한 일 처리가 가능하다.

회식 자리를
빛내는 말말말

기념할 만한 일이나 축하할 일이 있으면 우리는 함께 밥을 먹는다. 입학, 결혼, 개업, 회의, 설, 기념일 등등 식사 자리는 언제나 있다. 함께 모여 밥을 먹는 문화는 중국인의 전통이다. 이런 자리에서 당신의 말 한마디는 분위기를 돋울 수 있다. 이런 언변이 없다면 답답하고 울적한 마음으로 자리만 지키다 아무 소득 없이 돌아와야 한다.

그렇다면 우리는 이런 식사 자리에서 어떤 부분에 주의를 기울여 말해야 할까? 좌중을 휘어잡는 멋있는 말은 어떻게 배울 수 있을까?

칭찬에도 정도가 있어야 한다

식사 자리에서는 어떤 화제도 어색하지 않지만, 그 내용에는 일관성이 있어야 한다. 두서없는 이야기나 과장 섞인 말은 분위기를 어둡게 만들 뿐이다.

결혼식장에서 신랑, 신부에게 항상 같은 축하인사만 하는 사회자가 있었다.

"신부가 선녀처럼 고운 외모에 몸매도 날씬하네요. 신랑도 풍채가 좋은 훈남입니다."

그의 말이 끝나자마자 식장은 쥐 죽은 듯 고요해졌다. 신부와 신랑은 모두 백발이 성성한 노인이었다.

너무 과장된 이야기라 생각되겠지만 실제로 주변에서는 비슷한 일들이 자주 일어난다. 이 이야기에서 우리는 인사치레 말이라도 근거와 논리가 필요하고 목적이 분명해야 한다는 사실을 알 수 있다. 칭찬에도 정도가 있어야 한다. 지나친 과장이나 거짓된 언사로 청자를 우롱하는 일은 없어야겠다.

건배사로 진심을 전하자

술은 문화이며, 술자리는 문화가 있는 사교 장소이다. 이 술자리에서 자주 들을 수 있는 인사치레 말이 있으니 바로 건배사다. 평소 존경하는 사람에게 자신의 마음을 표현하거나 혹은 좋은 일을 축하하기 위해 우리는 건배사를 외친다. 건배사로 자기 생각과 관심, 격려와 축하의 마음을 전할 수 있고 우의도 쌓을 수 있다.

한 회사의 물류부서에서 대학생 열 명을 인턴으로 고용했다. 인턴 기간이 끝나자 사장은 물류부 직원을 위한 회식자리를 마련했다. 부서 주임은 회식 자리에서 직원들에게 말했다.

"사장님은 이 자리를 통해 여러분이 어떤 사람인지 알고 싶어 하십니다. 구애받지 말고 거리낌 없이 자신을 드러내주었으면 합니다."

하지만 직원들이 긴장한 탓인지 분위기는 좀처럼 바뀌지 않았다.

이때 회사에 갓 들어온 대학생 쑨양이 자리에서 일어나 말했다.

"사장님, 저는 사장님 때문에 이 회사에 지원하게 되었습니다. 대학 때 사장님의 전설 같은 업무 능력을 다룬 기사를 보고 사장님 가까이에서 일을 배워야겠다는 꿈이 생겼습니다. 지금 저는 영광스럽게도 이 회사의 일원이 되어 이 자리에 있습니다. 제 롤모델이신 사장님께 한 잔 올리고 싶습니다."

사장의 큰 웃음소리에 좌중의 분위기도 살아났다. 그 뒤를 이어 여러 직원이 사장께 술을 한 잔씩 권했다. 사장의 과음이 걱정된 쑨양은 다시 일어났다.

"사장님, 저희는 오늘 대학생에서 성공적으로 직장인이 되었습니다. 이는 직장인의 일흔두 번의 변화 중 첫 번째 변화입니다. 저는 우선 사장님의 가르침에 감사드립니다. 저는 사장님의 가르침 속에서 저희가 손오공 같은 신출귀몰한 업무 능력을 갖추게 되리라 믿습니다. 이는 둘째 변화가 될 것입니다."

이 말을 마침과 동시에 그는 사장님 앞에 있던 술잔을 찻잔으로 바꾸어 놓았다.

"저희는 이제 술잔을 찻잔으로 바꾸고 사장님께 스승의 예를 올릴까 합니다. 저희가 올리는 차를 받아주시기 바랍니다."

쑨양은 뛰어난 언변으로 사장의 난처한 상황을 해결해 좋은 점수를 딸 수 있었다. 그는 자신과 팀이 함께 돋보일 수 있는 '저희'라는 표현으로 동료의 마음도 살 수 있었다.

기억하고 있어야 할 유용한 건배사

술자리에서 건배사는 겉치레 말 중 하나다. 술자리 분위기를 돋울 수도 있고, 다 함께 술을 마실 수 있는 분위기를 만드니 즐거운 대화가 가능해진다. 친구들과의 술자리라면 이런 말은 어떨까?

"주량 한 잔이 두 잔을 마시면 멋져요, 두 잔이 다섯 잔 마시면 이런 놈은 키울 만하지, 반병이 한 병을 마시면 절친으로 삼고, 한 병이 두 병 마시면 부사장 발탁, 한 말이 한 짝을 마시면 주조장 사장!"

여기에 멋지게 응수하는 친구가 되자.

"술에 세상이 담기니 술병에 해와 달이 다 떴네. 우정만 있다면 무얼 마시든 다 명주지."

이렇게 오가는 술자리의 건배사로 분위기도 돋우고 재미도 더할 수 있으니 눈여겨보고 기억할 만한 건배사가 아닐까 한다.

연설을 잘하려면
감정을 흔들어라

연설의 서두는 강연자와 청중을 잇는 소통의 가교이자 성공적인 연설을 위한 첫걸음이다. 따라서 서두를 어떻게 열어야 할지 많은 고민이 필요하다. 다양한 형식으로 자연스럽게 주제를 꺼내면서 청중이 긴장의 끈을 놓지 않도록 해야 한다.

따뜻한 말로 시작하라

청중 앞이라면 먼저 따듯한 말을 건네는 것이 훌륭한 전술이 될 수 있다. 청자는 당신과 정서적 유대감이 생겨 어느새 당신의 팬이 된다. 낯선 사람에서 익숙한 사람이 된다면 반대는 적어지고 찬성은 많아진다. 이런 능력을 갖춘 아주 유명한 미국인이 있다.

닉슨 대통령이 34대 대통령 아이젠하워의 러닝메이트였을 당시의 일화이다. 닉슨에게 불리한 사건이 일어났다. 캘리포니아 부호에게 받은 정치 자금을 닉슨이 상원의원의 수입으로 처리해 가로챘다는 사실이 폭로되었다. 닉슨은 절대로 그 돈을 사사로이 챙기지 않았으며, 선거 활동에 지출했다고 반박했다. 하지만 아이젠하워는 닉슨에게 자신의 러닝메이트가 결백하길 요구했고 한 점의 의심도 용납하지 않겠다고 경고했다. 이 문제를 제대로 처리하지 못하면 그의 이름은 선거인 명단에서 사라질 상황이었다.

미국의 모든 방송사가 닉슨을 주시하고 있었다. 닉슨은 TV 연설을 통해서 모금 활동의 경위를 밝히고 자신을 변호하려 했다. 닉슨의 연설은 훌륭했다. 그는 자신의 결백을 밝히는 자리를 연설의 장으로 활용했다. 그는 가난한 집안에서 자라나 자신의 노력과 용기로 고군분투하여 이 자리까지 왔음을 자세하게 이야기했다. 그의 연설은 당시 경쟁 앞에서는 누구나 평등하다는 사회 분위기와 부합해 많은 청중과 군중의 지지를 얻는 데 한몫했다.

그 뒤 미국 공화당 당사는 닉슨을 찬성한다는 전보를 수없이 받았고, 닉슨은 후보자의 위치를 지킬 수 있었다.

닉슨은 군중의 감성을 다룰 줄 아는 사람이었다. 그는 감성적인 말로 청중과의 심리적 거리를 좁혔다. 이런 감성적인 언어는 사실 고도의 심리 전술이다. 이런 옛말도 있지 않은가.

"용병술의 최상은 마음을 공략하는 것이다. 성을 공략하는 것은 하수다."

일본 전 총리 다나카 가쿠에이도 항상 감성적인 말로 연설을 시작했다. 대다수 일본 국민은 그를 인간미 넘치는 선량한 사람으로 기억한다. 그는 1972년 3월 14일 일본 방송국에서 TV 연설을 했다.

"얼마 전 여든의 노모께서 제게 이렇게 말씀하셨습니다. 이놈아, 더 노력해! 그 작은 성과로 우쭐하기는 너무 일러!"

그는 계속 말을 이어갔다.

"제가 집을 떠날 때 모친께서는 돌돌 말린 지폐와 소나무 잎을 제 손에 쥐여주셨습니다. 저는 그것을 저를 보호하는 부적으로 삼아 언제나 지니고 다녔습니다. 제가 입신양명의 꿈을 이루지 못하고 집으로 돌아가더라도 언제든 따뜻한 어머니의 품이 있을 거라는 생각이 들었습니다. 저는 고향이 그립습니다. 집에 계신 노모도 아들이 집으로 돌아오기를 바라고 있을 겁니다."

다나카 가쿠에이의 이런 감성적인 말을 두고 누구는 가식적으로 볼 수도 있지만, 그의 연설이 많은 민중을 감동하게 했다는 점은 반박할 수 없을 것이다.

닉슨과 타나카 가쿠에이의 성공 일화는 분명 우리에게 시사하는 바가 있다. 만약 누군가가 당신을 오해하거나 공격한다면 감성적인 말로 난국을 타개해보는 건 어떨까? 만약 당신이 좋은 사람과 함께라면 이런 감성적인 말로 마음을 나누며 더 돈독한 관계를 만들 수 있다.

생동적인 비유로 주의를 끈다

강연자는 어떻게 서두와 주제를 매끄럽게 연결할 수 있을까? 아래의 예를 보면서 힌트를 찾아보자.

청년 스피치 대회에 참가한 한 학생은 이렇게 서두를 열었다.
"저희 같은 대학생들은 버스에 타고 있는 승객이라 할 수 있습니다. 앉아 있는 사람은 명문대 학생, 서 있는 사람은 일반대 학생 그리고 문 앞에 끼여 타고 있는 사람은 저 같은 사범대학을 다니는 전문대생입니다. 앉아 있는 이들은 자신을 대단하다고 생각하여 우쭐거립니다. 의자 옆에 서 있는 이들은 세상이 불공평하다 원망하며 앉아 있어야 할 사람은 자신이라고 생각합니다. 문 앞에 끼여 타고 있는 사람들은 저마다 생각이 다릅니다. 운 좋게 차를 타서 다행이라고 생각하는 사람도 있지만, 대다수는 운이 없어 기회를 놓쳤다며 탄식하고 있습니다. 운이 없이 교사 나부랭이나 하는 이곳으로 떠밀려 왔다 생각합니다. 앉아 있는 사람과 비교하면 기댈 곳도 없고 불편합니다. 서 있는 사람과 비교해도 낮은 위치에 있는 것 같다는 생각을 떨치지 못합니다.

친구들, 만약 우리의 삶을 차에 비유할 수 있다면 우린 괜찮은 차를 타고 있는 운 좋은 승객일 것입니다. 그렇다면 장하이디, 그녀가 타고 있는 차는 어떨까요? 삶은 그녀를 휠체어에 태웠습니다. 하지만 그녀는 휠체어에 앉은 채로 삶의 빛을 쓰는 성공한 인생을 살고 있습니다."

생동감 있는 비유로 연설의 서두를 열었다. 대학생을 몇몇 그룹으로 나눠 버스 안 좌석과 매치시키면서 아주 구체적으로 설명하고 있다. 이어서 각 그룹의 심적 상태를 분석했는데 가장 중점이 되는 그룹은 바로 아슬아슬하게 버스에 오른 사범대학 전문대생이다. 뒤에 그는 장하이디와 이 전문대생을 비교하면서 아주 절묘하게 주제를 이끌어냈다. 당신이 지금 어느 위치에 있든 원망하기보다는 앞으로 나아가기 위한 노력을 해야 성공할 수 있다고 말한다. 그의 연설은 전체적으로 일관성 있게 흐르면서 청중들의 흥미를 이끌어냈다.

생각을 교류하면서 공감할 수 있는 화제 찾기

미국의 유명한 군사가 맥아더 장군은 평균 98점이 넘는 높은 성적으로 웨스트포인트 군사학교를 졸업했다. 맥아더 장군은 82세의 나이에 웨스트포인트의 훈장 수여식에 초대받았다. 초청을 받은 장군은 여러 가지 생각이 들었다. 교정의 꽃이며 나무 책상과 의자가 눈앞에 보이는 것 같았다. 패기 넘치던 젊은 시절로 돌아간 느낌이었다.

훈장 수여식 당일 맥아더 장군은 소감을 말하는 자리에서 이렇게 말문을 열었다.

"오늘 아침 제가 호텔을 나설 때 문을 열어주던 사람이 이렇게 묻더군요. '장군님, 어디로 가시나요?' 저는 이렇게 대답했습니다. '웨스트포인트에 갑니다.' '웨스트포인트요?' 그는 매우 놀라는 눈치였습니다. '정말 좋은 학교지요, 가보신 적이 있으십니까?' '물론이죠, 제겐 아주 익숙한 곳이랍니다.'"

굉장히 평범한 시작이라 생각되지만, 이 연설에는 굉장히 복잡하고 많은 감정이 담겨 있다. 미국인이 이 웨스트포인트를 얼마나 좋은 학교로 생각하는지와 장군이 이 학교 출신이라는 점에 매우 자부심을 느끼고 있다는 점이다.

'물론이죠, 아주 익숙한 곳이랍니다.'라고 했던 그의 말에서 우리는 그가 얼마나 학교를 사랑하는지도 느낄 수 있다.

유머로 즐거운 분위기를 만들자

연설에서 유머를 적절히 사용하면 청중의 몰입도도 높아지고 흥미도 커진다. 유머는 청중의 흥미를 유발한다. 연설에 집중할 수 있는 분위기가 만들어지는 것이다.

공중도덕을 주제로 열렸던 스피치 대회에서 한 연사가 이렇게 서두를 열었다.

"일요일에 물건을 사러 버스를 타고 가는 중이었습니다. 차에 사람이 많아 서 있는 사람이 꽤 있었습니다. 저는 한 건장한 청년 옆에 서 있었습니다. 그 청년은 자리에 앉아 두 눈을 질끈 감고 미간을 찌푸리고 있었습니다. 어디 아픈 게 아닌지 제가 물어보았습니다. 그러자 청년은 여전히 눈을 꼭 감고는, '아니요, 아이와 여자들이 제 앞에 서 있는 걸 볼 수가 없어서요.'라고 대답했습니다."

청중은 다들 웃음을 터뜨렸다. 깨닫는 바도 있었다. 청중은 이 이야기의 결말도 궁금했지만, 강연자가 이 청년을 어떻게 평가하는지도 알고 싶어졌다.

분위기가 만들어지자 강연자는 현대인의 공중도덕으로 화제를 바꿔 연설을 이어갔다.

"어떤 이들은 높은 도덕적 기준을 가지고 싶어 하지만, 다른 사람들의 그저 그런 공중도덕 수준에 휩쓸려 중간만 가려고 합니다. 그리고 더 많은 사람은 아예 이 청년처럼 눈을 감고 보지 않으려 합니다."

강연자는 재미있는 이야기를 예로 들어 청중이 이야기 속 주인공과 자신을 비교할 수 있도록 유도했다. 이는 강연에서 얻을 수 있는 최상의 효과다.

친구 사이를
지켜주는 대화법

친구는 기쁨과 슬픔을 함께 나누며 당신을 위해 위험도 무릅쓸 수 있는 사람이다. 친구와 겉치레 말을 해야 할 상황은 거의 없지만 필요하다면 적당한 선에서 할 수 있어야 한다. 이런 상황을 가정해보자. 친구집에 놀러 간 상황이다. 그런데 친구가 부담스럽게 당신에게 말 한마디를 할 때도 당신의 기분이 상하지 않을까 걱정하며 조심조심 행동하고 있다. 이런 상황이라면 당신은 가시방석에 앉은 기분이 들 것이다.

친구를 대할 때도 예의는 필요하지만 지나친 배려는 상대를 불편하게 만든다. 우리는 감정을 교류하려고 친구와 수다를 떤다. 상황에 맞지 않는 지나친 겉치레 말은 우정을 가로막는 벽이 될 뿐이다. 만약 이 벽을 허물지 못한다면 관계는 깊어질 수 없다. 친구가 당신을 위해 한 작은 일에는 고맙다는 말 한마디면 충분하다. 이때 장황한 감사를 늘어놓는 사람도 있다.

"고마워, 정말 미안해. 이런 작은 일로 너를 귀찮게 해서는 안 되는데. 내가 정말 마음이 불편하더라. 정말 고마워."

끝도 없을 것 같은 이런 말을 듣고 있으면 마음은 한없이 불편해진다. 아무리 좋은 친구 사이라도 때론 친구에게 거절의 말을 해야 할 때도 있고, 친구의 환심을 사기 위해 칭찬을 해야 할 때도 있다. 어느 정도의 선에서 친구에게 자기 뜻을 전하는 것이 좋을까? 친구와 대화할 때도 요령이 필요하다.

친구에게도 겉치레 말을 할 필요가 있다

첫째, 진심이 담겨 있지 않은 빈말은 상대의 호감을 살 수 없다. 한 친구가 조그만 슈퍼를 운영하며 근근이 생계를 꾸리고 있어 항상 다른 일거리를 생각하고 있다. 그런 친구에게 '사업 번창해서 돈 많이 벌어라!' 이런 진심 없는 겉치레 말은 안 하느니만 못하다.

둘째, 내용이 있는 말을 하자. 사업하는 친구에게 뭔가 말해주고 싶다면 영업능력이나 장사 수완을 칭찬해주자. 친구의 아이를 칭찬해주고 싶다면 귀여운 외모나 영리한 행동 등 구체적으로 말해주자.

셋째, 지루한 수식으로 말을 치장할 필요는 없다. 수식이 긴 말은 전달성이 떨어진다. 진심이 부족하거나 장황하게 꾸미는 걸 좋아하는 사람이라는 부정적인 인상을 줄 수 있다. 친구와 함께 스테이크를 먹고 있는데 아주 맛있다는 생각이 들어 몇 마디로 분위기를 돋우고 싶다면 어떻게 해야 할까?

"이 레스토랑 조용하고 분위기도 좋다. 우아하고 낭만적이야, 테이블 위에 장미도 예쁘고 스테이크 맛도 훌륭한데……."

이런 말을 듣는 친구는 당신이 실없는 소리를 한다고 생각할 것이다.

"여기 스테이크 진짜 맛있다."

이 정도면 친구도 신이 나서 맞장구쳐줄 것이다.

"나도 맛있어, 나중에 시간 나면 또 여기 와서 밥 먹자."

마지막으로 해두고 싶은 점이 있다. 친구에게 겉치레 말을 할 때 항상 표정을 신경 쓰자. 언어로만 마음을 전달할 수는 없다. 표정은 말로 전달하지 못하는 많은 정보를 전달한다. 대화 내용에 따라서 자연스럽게 표정을 바꾸자. 표정 있는 겉치레 말은 더 돈독한 친구 관계를 만든다.

수다쟁이 친구를 내쫓는 방법

멀리서 친구가 찾아오니 어찌 기쁘지 아니한가? 친구와 무릎을 맞대고 나누는 대화는 분명 즐겁고 유익하다. 하지만 혼자 있고 싶을 때도 있다. 주말 오후 조용히 책을 읽거나 소소한 일상을 가지고 싶은 순간, 수다쟁이 친구가 찾아와 쓸데없는 이야기를 끝없이 늘어놓아 심기가 불편하다. 마음속에는 이 친구를 집 밖으로 쫓아내고 싶은 생각뿐이지만 친구의 기분을 상하게 하고 싶지는 않다. 당신이 억지로 수다를 떤다면, 당신의 조용하고 즐거운 오후 시간은 날아갈 판이다. 재치 있는 빈말로 상대를 제 발로 나가게 하는 기술이 필요한 순간이다.

첫째, 부드러운 말로 제 발로 나가게 하자. 부드러운 말로 암시를 주는 방법이 있다. 굳은 표정과 차가운 말로 내쫓는 것보다 효과는 배로 좋다.

당신은 열심히 일하는 독신이다. 이웃은 할 일 없는 팔자 좋은 백수라 저녁때나 휴일이면 집으로 놀러와 당신과 수다를 떤다. 좋은 친구지만 빈번하게 드나들면서 당신의 휴식을 방해하고 있다. 오늘 밤도 어김없이 찾아왔다면 이렇게 말해보는 게 어떨까?

"마침 시간이 있었는데 잘 왔어. 오늘 저녁에는 원 없이 수다나 떨자. 내일부터는 죽도록 업무보고서를 써야 해. 이번 보고는 내 인사고과 평가에 아주 중요한 거야."

내일 저녁부터는 나를 방해하러 오지 말라는 의사를 잘 전달할 수 있는 말이다.

당신은 아내를 끔찍하게 생각하는 남편이다. 당신 옆에는 말다툼만 하면 당신을 찾아오는 이웃이 있어서 자주 단란한 시간을 뺏기고 있다. 이럴 때는 이렇게 말해보자.

"부인이 요즘 몸이 안 좋은지 저녁을 먹고 나면 바로 침대에 누워. 우리 이야기는 다음에 하자고."

이 말은 고민을 털어놓는 것처럼 보이지만 전달하고자 하는 바는 매우 분명하다. 부인이 쉬어야 하니 앞으로는 찾아오는 걸 좀 자제해 달라는 말이다. 툭하면 찾아오는 수다쟁이 친구들은 친척이나 친구, 학우나 동료라 자주 만나는 친한 사이다. 이런 사람들에게 정색하며 차가운 말투로 대하거나 시계를 힐끔힐끔 보면서 마지못한 자세로 대한다면 난처한 상황이 일어날 수 있다. 이럴 때는 항상 상대가 당신이 지금 피치 못할 상황이라는 생각이 들도록 이야기해야 한다.

둘째, 과도한 친절로 스스로 나가게 하자. 가끔 우리는 수다쟁이를 내쫓을 때 무서운 얼굴 대신 친절한 말투와 융숭한 대접으로 다음번에는 미안해서 못 오는 상황을 만들 수 있다. 수다쟁이 친구가 오면 반가운 표정으로 좋은 술과 음식을 내놓으며 융숭한 대접을 해보자. 그는 지나친 대접에 또 오겠다는 생각을 아예 접을 수 있다. 이런 과분한 대접은 차갑게 대해서 상대를 불편하게 만들어 방문 횟수를 줄이는 방법과 같은 효과가 있다. 하지만 이런 친절한 방법은 교양을 잃지 않으면서 당신의 목적을 이룰 수 있으니 더 좋은 방법이라 볼 수 있다.

셋째, 따뜻한 메모로 친구 방문을 차단할 수 있다. 눈치 없고 상황 파악에 둔한 친구라 돌려서 이야기하거나 융숭한 대접도 안 통하고, 오히려 자신을 무척 좋아해서 이렇게 해주는구나 싶어 더 자주 오는 의도치 않는 상황이 벌어질 수 있다. 이런 사람에게는 돌려 말하기보다는 직설적으로 이야기하는 편이 나을지도 모른다.

수다쟁이 친구와 한가롭게 이야기나 나눌 상황이 아니라면 상황을 설명하는 따뜻한 메모를 미리 준비해보자.

"우리 딸이 올해 수능을 보니 너무 시끄럽게 하지 말아줘."

"집사람이 업무 때문에 영어 공부를 시작해서 손님 초대가 어려워."

이런 메모들을 사전에 준비해놓으면 수다쟁이 친구의 방문 횟수도 줄고 어색할 수 있는 상황도 피할 수 있다. 그리고 이런 메모의 좋은 점이 하나 더 있다. 메모는 집에 오는 모든 손님을 대상으로 하므로 누구 한 사람이 난처해지는 상황을 피할 수 있다.

2부 사람의 마음을 끌어당기는 힘

'인생은 학문으로 밝아지고, 관계는 익히면서 그 비결이 생긴다.'는 중국 속담이 있다. 중국인들은 옛부터 일의 '정도'를 중시했다. 이 '정도'란 최적의 일 처리를 말한다. '정도'를 아는 당신이라면 치열한 경쟁 속에도 항상 우위에 설 수 있으니 성공은 어렵지 않다. 셰프처럼 일을 처리해보자. 그는 불을 정확하게 알고 있다. 훌륭한 셰프는 시간과 상황 그리고 사람이라는 변수를 파악하고 불을 조절해 정확하게 요리를 만들어낸다. 반대로 일 처리가 복잡하고 고지식하다면 결국 다 된 밥에 코를 빠뜨리는 상황을 만들고 만다.

어떻게 마음을
쓸 것인가의 문제

많은 실패 사례의 원인을 마인드에서 찾을 수 있다. 마인드는 생각을 바꾸고, 생각은 행동을 바꾸고, 행동은 인생이 된다. 마인드는 성공의 전제조건이다. 긍정적 마인드를 배우자. 내 삶에 위안과 격려가 되고 행복한 인생살이에 도움이 될 것이다.

결국 마인드가
승패를 좌우한다

　　일과 마인드의 상관관계는 크다. 마인드 컨트롤을 잘하는 사람은 일을 매끄럽게 처리하지만, 그렇지 못한 사람은 생각대로 일이 잘 풀리지 않아 애를 먹는다. 스위스 시계가 500여 년간 지존의 자리를 지켰던 비결은 바로 '어디에도 얽매이지 않는 긍정적 자유'였다. 스위스 손목시계를 만든 사람은 교도소에서 시계 제작을 하고 있었다. 이전부터 해왔던 작업이었지만 어떻게 해도 1/100초의 오차가 해결되지 않았다. 처음에는 지리적 환경 때문이라 생각했지만, 탈옥 후 스위스 제네바로 간 후에 다른 원인을 발견했다. 바로 그의 심리적 태도가 문제였다. '불만이나 분노에 빠져 시계를 만든다면 1,200개에 달하는 제작 공정이 순조로울 수 없고, 반발심이나 증오에 사로잡혀 있다면 254개의 시계 부품을 정밀하게 만들 수 없다.'

물론 이 의견에 반대하는 사람도 있을 수 있다. 일과 마인드는 별개이며 아무 상관이 없다고 생각하기 때문이다. 하지만 심적 상태가 복잡한 사람이라면 마인드 컨트롤은 지극히 중요해진다.

긍정적 마인드로 좌절에 맞서라

삶은 현실이다. 그래서 순조롭기만 할 수는 없다. 일과 생활에서 우리는 다양한 시련에 부딪힐 수 있고, 수많은 좌절과 고통에 빠질 수 있다. 무미건조한 삶이 크고 작은 좌절과 만나 아름답고 듣기 좋은 노래가 될 수 있다. 역사나 사회의 흐름을 보면 좌절은 짧은 인생 속 곳곳에 매복해 있다 우리를 곤두박질치게 한다. 좌절은 삶을 어두운 수렁에 빠뜨리고 우리를 초조와 불안에 빠져 방황하게 한다. 우리가 좌절의 수렁에서 벗어날 수 있는 유일한 방법은 달관적인 태도이다.

전쟁에서 나폴레옹은 적의 거센 저항으로 심각한 손실을 보았고 상황은 크게 불리해졌다. 구덩이에 빠져 진흙 범벅인 나폴레옹의 모습도 말이 아니었다.

난감한 상황이었지만 나폴레옹은 태연했다. 몸에 묻은 진흙은 신경도 쓰지 않았다 그의 머릿속에는 단 하나의 일념만 있었다.

'이번 전쟁의 승리자는 바로 나, 나폴레옹이다.'

나폴레옹은 소리쳤다.

"용감한 제군들이여, 승리를 향해 앞으로 돌격!"

나폴레옹의 모습을 본 병사들은 우스꽝스럽다고 생각했지만, 한편으로는 장군의 자신감 있는 태도에 사기가 진작되었다. 순식간에 격앙된 병사들은 용기를 내 적과 싸웠고 결국 전투에서 승리했다.

나폴레옹의 긍정적 태도는 전쟁을 성공으로 이끌었다. 군대의 통솔자인 그는 전장의 불리한 형세를 이미 알고 있었다. 자신의 병사가 적의 총탄에 맞아 쓰러지는 상황을 보지 못했을 리 없다. 하지만 그의 리더십과 긍정 마인드는 병사들이 전쟁의 아픔을 잊고 적과 싸울 수 있게 만들었다.

좌절과 실패를 이겨낸 나폴레옹의 긍정적 자세를 우리는 배워야 한다. 나폴레옹은 모든 감정과 힘을 유익한 방향으로 쏟아 부어 자신의 이상을 실현했고, 이 과정에서 부정적 정서가 자신을 지배하게 내버려두지 않았다.

베토벤은 긍정적 마인드를 가진 사람들을 이렇게 이야기했다.

"고통을 넘어 환희로 가는 이들이다."

삶에 위기와 파란이 올 때 우리는 긍정적인 마인드로 무장해 맞서야 한다. 그룹의 리더라면 더욱 갖추어야 할 능력이다. 긍정적 마인드는 주변 사람들을 동화시키고 나아가 단체를 변화시켜 성공을 이뤄낸다.

어디서든 기쁨을 발견하라

평탄한 삶은 없다. 누구나 뜻대로 할 수 없는 상황이 있다. 불행하다고 해서 화내거나 원망하지 말자. 인생지사 새옹지마다. 불행의 이면에는 분명 좋은 부분도 있다. 원망으로 일생을 허비하면 아름다운 삶을 놓쳐버린다. 불행 속에서도 제때에 좋은 점을 발견한다면 더 큰 행복을 얻을 수 있다. 순탄한 관계나 삶이 꼭 좋다고는 할 수 없는 이유다. 나쁜 일이 각성의 계기가 될 수도 있고, 그 과정에서 우리는 좋은 부분을 발견할 수 있다.

한 화가가 모든 이에게 사랑받는 작품을 그리고자 종일 창작에만 몰두했다. 심혈을 기울여 그린 작품을 전시장에 내놓으면서 그는 그림 옆에 메모와 펜을 준비했다.
'마음에 들지 않는 부분이 있다면 표시해주세요.'
날이 저물자 화가는 그림을 가지고 집으로 돌아와 설레는 마음으로 덮개를 벗겨냈다. 그림은 여러 가지 표시로 빼곡히 차 있었다. 좋은 부분은 한 곳도 없었다. 화가는 기분이 상했다. 자신의 그림솜씨가 이렇게 형편없다는 사실이 믿기지 않았다. 그는 다른 방법으로 평가를 받아보고 싶었다. 그는 같은 그림을 그려 다시 전시하면서 이번에도 메모를 붙였다.

'가장 아름답다고 생각하는 부분에 표시해주세요.'

집으로 돌아온 화가는 다시 그림을 살폈다. 이번에도 여러 표시가 빼곡했다. 같은 그림을 나란히 놓아보았다. 혹평으로 가득했던 그림은 칭찬이 가득한 그림이 되었다.

세상에 완벽한 아름다움은 없다. 누구에게는 나쁘게 보이는 부분이 다른 누군가에게는 아름다울 수 있다는 사실을 화가는 깨닫게 되었다.

이 작은 일에서도 깨달음을 얻을 수 있으니 긴 인생사에는 더 많은 것이 있을 것이다. 모든 일은 동전처럼 양면이 있다. 그리고 어떤 일이던 보는 사람에 따라 다르게 판단할 수 있다. 부정적인 사람은 즐거울 때도 오지 않은 슬픔을 생각하고, 긍정적인 사람은 슬플 때도 곧 오게 될 기쁨을 발견한다. 많은 이들이 부정적 사고에 빠져 좋은 부분을 놓친다. 일의 원인이 한쪽만 보았던 자신에게 있는 경우가 허다하다. 긍정적인 마인드가 있다면 문제는 저절로 해결된다.

감사하는 마음은 힘이 세다

영국 작가 새커리(Thackeray)가 말했다. "삶은 거울이다. 당신이 웃으면 삶도 웃고, 당신이 울면 삶도 운다." 감사하는 마음으로 살아가면 삶은 당신에게 찬란한 태양을 선사한다. 하지만 감사할 줄 모르는 이들은 삶을 원망한다. 그들은 분노와 증오에 빠져 그 무엇도 얻지 못한다. 삶에 대한 사랑과 희망이 생기면 절로 감사하는 마음을 느낄 수 있다. 감사는 자신에게 주는 심리적 위안이라기보다는 삶을 찬양하는 방법이다. 감사의 의미를 알고 감사하는 마음을 가지면 삶은 풍성하고 아름다워진다.

감사로 삶은 윤택해진다

감사는 삶의 에너지를 증폭시킨다. 감사하는 마음이 있기에 관계는 더 친밀해지고 사회는 조화로워진다. 감사하는 마음으로 삶을 사는 사람은 더 즐겁고 건강하다. 감사하는 마음으로 세상을 느끼고, 감사의 시선으로 세상과 타인을 바라보면 세상은 더욱 아름답고 따뜻해진다.

세레나는 독신녀다. 그녀는 이직하면서 새로운 지역으로 이사하게 되었다. 옆집에는 과부가 두 아이와 함께 살고 있었는데 형편이 넉넉지 않아 보였다.

어느 날 저녁 세레나가 독서를 하고 있을 때 갑자기 정전되었다. 그녀는 초를 찾아 불을 붙였다. 잠시 후 '똑, 똑, 똑' 문 두드리는 소리가 났다. 세레나는 무서웠지만, 용기를 냈다.

"누구세요?"

"아줌마, 집에 초 있어요?"

옆집 아이였다. 세레나는 문득 이런 생각이 들었다.

'초 하나도 못 살 정도로 가난한가? 이번에 초를 빌려주면 나중에도 이런 일이 반복되는 게 아닐까? 계속 도와줄 수는 없는데……'

세레나는 문 앞으로 가서 말했다.

"없어, 다른 집에 가서 빌려 보렴."

문밖에서 아이의 웃음소리가 들렸다.

"아줌마, 초를 빌리러 온 게 아니에요. 아줌마 혼자 있는데 초가 없으면 무서울 것 같아서 초를 드리러 온 거예요."

세레나는 속 좁았던 생각에 부끄러운 마음이 들었다. 문을 연 그녀는 아이에게 정중히 말했다.

"고마워."

아무것도 바라지 않고 타인을 도와주는 이타적인 사람들이 있다. 우리는 그들이 어리석다고 생각하지만 사실 가장 똑똑한 사람들이다. 감사하는 마음으로 타인에게 사랑을 베푸는 사람은 반드시 보답을 받게 된다. 이타적 행위는 자신에게 베푸는 사랑이다. 타인에게 베풀수록 당신이 얻는 것도 커진다.

삶의 작은 부분에 감사하고 삶의 모든 인연에 감사하며 살자. 물 한 방울의 은혜를 입었다면 샘물로 보답하려는 마음가짐으로 삶을 살아가자. 감사는 미덕이자 인생 최고의 경지이다. 감사하는 마음으로 우리는 잠깐의 기쁨이 아닌 영원한 평온을 얻을 수 있다. 삶의 즐거움과 헌신하는 법을 알려면 먼저 감사를 알아야 한다.

감사를 아는 이는 행복전도사

감사는 처세의 철학이자 삶의 지혜이다. 지혜로운 사람은 자신이 가지지 못한 것을 두고 원망하지 않는다. 가지고자 욕심을 키우거나 요구하지 않는다. 감사를 배우면 자신이 이미 가지고 있는 것과 삶이 당신에게 주는 모든 것에 감사함을 느낀다. 이런 사람들은 건강한 인생을 살 수 있다.

주성치 영화 〈장강 7호〉의 홍보영상에는 특별손님 두 명이 출연한다. 둘째 출산 후 처음으로 공식석상에 모습을 드러낸 장백지와 큰아들 루카스다. 루카스는 만화영화 〈장강7호: 지구를 사랑하라〉의 주제가를 부른 꼬마스타이다.

이날 인터뷰에서 장백지는 마음속에 있던 이야기를 털어놓았다. 그녀는 12년 전 한 남성과 찍은 사진을 꺼내 보였다. 연예계 입문이라는 기회를 준 은인을 잊지 않기 위해 항상 가지고 다니는 사진이었다. 사진 속에는 주성치가 있었다. 당시 주성치는 성공한 연예인이었지만, 장백지는 가끔 TV 광고를 찍는 무명배우에 불과했다. 전성기였던 주성치는 그녀와 다른 세상에 사는 사람이었다. 〈희극지왕〉의 여주인공 오디션장에는 수천만 명의 참가자가 있었다. 주성치는 그중에서 장백지를 선택했고 그녀는 진흙 속 진주가 되었다. 그 후 장백지는 스타 반열에 올라 승승장구했다. 주성치는 〈희극지왕〉 개봉 당시 찍은 사진을 잊고 있었지만 장백지는 소중히 간직하고 있었다. 이 빛바랜 사진은 그녀에게 있어 잊지 못할 인생의 한 장면이자 감사하는 이를 기억하기 위한 소중한 물건이었다.

우리는 '금은 언젠가는 빛난다.'라는 말을 자주 한다. 장백지가 주성치 눈에 들지 않았다 해도 그녀의 진가를 발견했을 사람은 분명 있었을 것이다. 하지만 장백지는 단호하게 말했다.

"그가 없다면 나도 없었을 겁니다. 나의 재능을 발견해준 그를 나는 평생 잊지 않을 겁니다."

루카스도 부모의 끼를 물려받아 카메라를 두려워하지 않고 춤과 노래를 곧잘 했다. 첫 돌 즈음 한 회사가 천만 위안을 제시하며 홍보모델로 계약하자고 요청했지만, 장백지는 아들이 건강하고 행복하게 자라길 바란다며 완곡히 거절했다. 하지만 주성치가 장백지에게 전화로 비슷한 요청을 하자 그녀는 망설임 없이 승낙했다. 장백지와 루카스는 감사의 마음을 전하기 위해 촬영장을 방문했다.

인터뷰에서 장백지는 이런 질문을 받았다.

"연예계를 싫어하시나요?"

뜻밖의 대답이 나왔다.

"전혀요. 연예계에서 많은 상처를 입었지만 그보다 얻은 것이 더 많습니다."

연예계든, 삶의 현장에서든 성장통은 있다. 우리는 이 성장통을 귀하게 여겨야 한다.

푸시킨의 말처럼 '삶이 그대를 속일지라도' 희망이 있다는 사실을 잊지 말아야 한다. 조개의 상처로 아름다운 진주가 만들어지듯 삶이 나를 속일지라도 감사의 마음을 배우자.

마음속에 감사로 채워진 맑은 연못을 만들자. 삶의 조급함과 불안을 이곳에 묻자. 불만과 불행은 점점 옅어질 것이다. 항상 감사하자. 상처 준 사람이 있기에 당신은 더 굳은 의지를 갖출 수 있었다. 그에게 감사하자. 괴롭힌 사람이 있기에 당신의 세상살이 경험이 더 많아졌다. 그에게 감사하자. 당신을 넘어뜨린 사람이 있었기에 당신의 능력은 강해졌다. 그에게 감사하자.

감사하는 마음은 생존에 필요한 햇빛과 토양이다. 삶에 사랑과 희망을 주기 때문이다. '물고기가 물의 감사함을 알면 행복은 그곳에 있다.'는 옛 말처럼 우리가 감사함을 안다면 행복은 더 커진다.

어떻게 허영심이 우리를 병들게 하는가

허영심은 누구에게나 조금씩 있다. 허영심은 비뚤어진 자존심이다. 관심을 바라거나 명예를 바라는 마음이 잘못 발현되면 허영이 된다. 지나친 허영심은 성격적 결함이나 정신병이 될 수 있다. 허영심은 사고를 흐리게 만들어 이성을 마비시킨다. 허영심을 좇다 망신을 살 수 있다.

허영은 영혼을 병들게 한다

한 심리학자는 허영을 인생의 모순이자 인류의 특징이라 했다. 그는 허영을 두려워하라고 경고한다. 인류의 성격적 약점이 허영에서 생겨나기 때문이다.

우리는 허영이 겉치레나 헛된 영예라는 걸 알지만 몇몇은 이 허영을 위해 살기도 한다. 타인의 부러움과 칭찬이나 아첨, 의미 없는 지위에 그들의 입꼬리는 올라간다.

감옥살이하는 한 공직자는 '한순간의 허영심에 눈이 멀어 일생의 행복을 날리지 말았어야 했다.'고 참회하는 편지를 친지와 친구에게 보냈다.

"평생의 밥은 먹되, 순간의 밥은 먹지 마라."

이 말이 전하는 경고를 우리는 새겨들을 필요가 있다.

허영은 체면으로 지은 모래성이다

모파상의 소설 〈목걸이〉는 우리에게 익숙한 이야기이다. 교육부 직원의 부인인 마틸다는 허영심 많은 여자였다. 아내를 매우 사랑하는 남편은 그녀가 기뻐하는 일이라면 무엇이든 마다치 않았다. 그는 교육부 부장이 여는 파티 초대장을 구하려 백방으로 애썼고 결국 초대장을 손에 넣었다.

마틸다는 그 파티에서 돋보이려고 친구에게 다이아몬드 목걸이를 빌렸다. 그날 저녁 그녀는 파티에서 주목받을 수 있었다. 하지만 그녀는 파티에서 그만 목걸이를 잃어버렸고, 부부는 여기저기 돈을 빌려 새 목걸이를 마련해 친구에게 돌려주었다.

그 후 마틸다 부부는 꼬박 10년을 일해 빚을 청산했다. 그 시간 동안 마

틸다는 예뻤던 손은 쭈글쭈글해지고 초라한 행색이 되었다. 몇 년 후 그
녀는 우연히 길에서 목걸이를 빌려준 친구를 만났다. 여전히 아름답고 매
력적인 친구는 그녀를 알아보지 못했다. 그리고 그녀는 친구에게 빌렸던
목걸이가 값싼 모조품이라는 사실을 듣게 된다.

마틸다처럼 허영심이 강한 사람은 순간의 허영을 위해 갖은 수단을 동
원한다. 친구들에게 유명인과 찍은 사진을 자랑하는 사람도 있고, 유명한
사람과 식사했다며 떠벌리는 사람도 있다. 자신에게 부자 친척이 있음을
자랑하는 사람도 있다. 이런 사람들은 자신을 대단한 사람인 것처럼 포장
하기 위해 친하지도 않은 유명인이나 먼 친척 이야기를 늘어놓는다. 그들
은 타인의 유명세를 빌려 허영을 채우지만, 그렇다고 자신의 능력이나 가
치를 인정받는 건 아니다.

허영에서 벗어나면 인생이 자유롭다

영국 철학자 베이컨은 허영을 이렇게 말했다.

"허영에 찬 사람은 지혜로운 자의 멸시와 어리석은 자의 경탄, 아부하
는 자의 숭배를 받으며 결국 허영의 노예가 된다."

독일 철학자 쇼펜하우어가 말했다.

"허영심이 있는 사람은 말을 많이 한다."

허영이 인생에 주는 피해는 크다. 허영으로 인생의 가치는 떨어지고 정
신은 흐려진다. 허영을 버리면 마음은 가벼워지고 인생은 행복해진다.

한 작가의 집 근처에 국수 파는 노점이 있었다. 하루는 작가가 아들과 함께 산책하다 그 노점 앞을 지나게 되었다. 그는 주인의 국수 삶는 기술을 넋 놓고 바라보았다. 그가 대나무 체에 면을 하나씩 넣자 순식간에 대나무 체 십여 개가 꼬치처럼 세로로 겹겹이 쌓였다. 그는 이 높다란 체들을 솥에 넣었다. 그가 다시 빠른 속도로 열 개가 넘는 그릇을 일자로 세워 소금과 조미료 같은 양념을 넣어 면을 건지고 국물을 붓자 눈 깜빡할 새에 열 그릇이 넘는 국수가 완성되었다. 그는 국수를 만들면서 손님과 대화도 나눴다. 그가 국수를 다 만들기까지 채 5분도 걸리지 않았다.

그 모습을 다 본 후 작가와 아들은 다시 걷기 시작했다. 아들이 갑자기 고개를 들어 아빠에게 말했다.

"아빠, 아빠가 노점 주인아저씨와 겨루면 분명 질 거예요!"

작가가 빙그레 웃으며 말했다.

"KO패를 당할걸. 아빠가 이길 수 없는 사람들은 많아. 아빠도 알고 있단다."

만약 당신이 이 작가처럼 허영심을 버리고 자신의 부족함을 인정한다면 인생은 편안해질 것이다.

허영심을 버리려면

허영은 성공의 천적이다. 성공하고 싶다면 허영을 멀리하라. 허영과 멀어지려면 어떻게 해야 할까?

첫째, 자신을 아는 사람이 되자. 자신을 알려면 자신의 장단점을 정확하게 판단해야 한다. 이때 자신을 과대평가하거나 과소평가하는 것은 금물이다. 장단점이 극대화된 평가는 허영심을 부른다. 우리가 자신의 장단점을 솔직하게 인정하고 장단점을 있는 그대로 볼 수 있다면, 허영은 사라지고 허영으로 생길 수 있는 귀찮은 일도 피할 수 있다.

둘째, 눈앞의 명예와 이익을 객관적으로 평가하라. 비현실적인 목표나 도달하기 힘든 이상에 과도하게 집착하면서 강렬하게 이루고자 하는 욕망이 바로 허영이다. 옛말에 "명예를 추구하지 않는 사람은 이익을 취하지 않지만 명예를 추구하는 사람은 반드시 이익을 취하려 한다(不好名者 斯不好利 好名者 好利之尤者也)."는 말이 있다. 허영을 좇는 사람은 명예를 욕심내지만 그들의 목표는 이익을 취하는 데 있다. 더 큰 이익을 위해 그들은 명예를 얻고자 한다. 만약 우리가 명예와 이익이라는 유혹을 뿌리칠 수 있다면 허영의 굴레에서 벗어나 본연의 순수함을 지킬 수 있다.

셋째, 인생 목표는 정확하게 세워라. 추구하는 이상과 목표가 높을수록 저속한 것에 관심을 두지 않는다.

"허영심이 많은 사람은 자신의 이름을 중시하고, 명예로운 사람은 조국의 일에 힘을 쓴다."

원대한 포부와 끊임없는 노력으로 허영을 이기자.

감정을 다스려야
생활을 지배할 수 있다

육욕칠정(六欲七情)이라 했던가. 우리는 매일 다양한 감정을 느끼며 살고 있다. 기분이 좋으면 기쁨과 행복을 느끼지만, 기분이 나쁘면 삶의 질이 떨어진다. 나쁜 기분은 나를 넘어 남에게까지 부정적인 영향을 미칠 수 있기 때문에 자신의 기분을 잘 통제할 수 있어야 한다. 살다 보면 화가 나는 일도 있고 기분 나쁜 사람을 만날 수 있다. 이때 '눈에는 눈, 이에는 이'라며 화를 낸다면 자신의 기분은 풀어질 수 있지만, 관계가 나빠지거나 상대의 불만을 살 수 있다. 이런 상황에 대비해 우선 감정을 조절하는 방법을 배워보자. 분노로 상황이 악화하는 일을 피할 수 있다.

외부의 간섭에 영향을 받지 말자

이 문제를 이야기하기에 앞서 한 가지 실험을 해보자. 여러분도 아래의 문항을 읽으며 테스트해보자.

- 타인의 존중과 호감이 매우 필요하다.
- 자신을 비판하는 경향이 있다.
- 숨겨진 장점이 많다.
- 몇 가지 단점이 있지만 극복할 수 있다.
- 이성과 교제가 조금 힘들다.

- 겉으로는 침착해 보이지만 내면은 초조하고 불안하다.
- 가끔 자신이 옳은 결정을 내렸는지 의심한다.
- 삶의 작은 변화는 좋아하지만, 타인이 내 삶을 통제하는 건 싫다.
- 독립적인 사고가 가능하다는 사실에 자부심을 느낀다.
- 만약 근거 없는 건의라면 받아들이지 않는다.
- 남 앞에서 지나치게 솔직하게 자신을 표현하는 행위는 현명하지 않다고 생각한다.
- 외향적이고 친절하며 사람 사귀기를 좋아하지만, 가끔은 내향적이고 신중하며 과묵하다.
- 당신의 포부는 종종 비현실적이다.

　한 심리학자가 진행한 실험문항이다. 명확하지 않고 전반적으로 모든 이에게 부합하는 설문 문항을 만들어 대학생을 대상으로 진행했다. 설문 참여자에게 위의 문항이 자신의 심리를 묘사하기 적합한지 아닌지를 묻고 판단하게 했다. 결과는 절대다수의 학생들이 위의 문항들이 자신을 매우 정확하고 자세하게 묘사하고 있다고 대답했다. 독자들도 비슷한 느낌을 받았으리라 생각된다. 사람들은 보통 막연하고 일반적인 특성을 자신만이 가지고 있는 독특한 특성으로 믿으려는 경향이 있다. 심리학에서는 이런 현상을 '포러 효과(Forer effect)'라 한다. 외부 정보의 영향을 받으면 본래 모습을 인식하는 데 어려움을 겪게 된다. 이런 상황을 막으려면 외부 정보의 방해를 원천적으로 차단해야 한다. 하지만 일반인에게 이는 쉽지 않다. 외부 방해가 있는 상황이라면 다음과 같은 방법을 시도해보자.

첫째, 진정한 자신의 모습을 생각해보면서 자신의 장단점을 정확히 판단하자. 작은 것에 현혹되어 전체를 놓치거나, 지나치게 잘난 척하거나, 자신을 비하하지 않는다. 자신의 단점과 다른 이의 장점을 비교하거나 자신의 장점과 타인의 단점을 비교하지 않는다.

'구글'은 112개 사용자 인터페이스 언어를 보유하고 세계 55개 국가의 35개 언어로 검색을 지원하고 있고, 200여 개국의 검색엔진이다. 구글과 비교해볼 때 바이두(중국 검색 포털사이트)의 우위는 거의 없어 보였다. 하지만 2003년을 기점으로 바이두의 시장 점유율이 구글보다 높아졌다. 바이두의 성공은 외부의 방해와 유혹을 이겨내고, 자신의 장단점을 정확하게 파악한 결과이다. 바이두는 열등감을 가지거나 우쭐해하지 않았다. 중화권 전체 네트워크의 검색 요구를 만족스럽게 해결하자는 목표에만 집요하게 매달렸다. 현실의 모습을 받아들이고 작은 투자로 큰 이익을 얻었다.

둘째, 정보수집 능력과 정확한 판단력을 기르자. 외부의 간섭을 완벽히 차단하기는 불가능하므로 필요한 정보를 수집하고 옳고 그름을 판단할 수 있는 능력이 필요하다. 하지만 태어날 때부터 이런 판단력을 가진 사람은 없다. 따라서 복잡하게 얽혀 있는 방대한 정보 속에서 유용한 정보를 찾아 올바른 결정을 내릴 수 있는 능력을 키우는 것은 무척이나 중요하다.

잔디깎이로 용돈을 버는 꼬마가 있었다. 어느 날 꼬마가 아주머니에게 전화로 물었다.

"혹시 잔디깎이 아르바이트생이 필요하신가요?"

"필요 없어요. 잔디 깎는 아이가 있어요."

"저는 화초 사이에 있는 잡초도 깨끗이 뽑아드릴 수 있어요."

"우리 집 잔디 깎는 아이가 이미 다 했어요."

"잔디밭과 보도 주위도 깨끗하게 청소해드릴게요."

"잔디 깎는 아이가 모두 했어요. 감사하지만 새로운 사람이 필요하지 않아요."

이 말을 들은 아이는 희망이 없다는 것을 알고 전화를 끊었다. 옆에서 통화를 듣고 있던 형이 물었다.

"그 아주머니 집에서 잔디 깎는 일을 하고 있잖아. 쓸데없이 전화는 왜 한 거야?"

아이가 의기양양한 표정으로 웃으며 말했다.

"내가 얼마나 잘하고 있는지 알고 싶어서."

이 이야기에서 우리는 아이가 얼마나 주의 깊게 자신에 관한 정보를 수집하고 있는지 볼 수 있다. 그가 미래에 큰 성공을 거둘지는 성급히 판단할 수 없지만, 적어도 잔디깎이로 용돈을 버는 데는 다른 아이들보다 뛰어나다고 하겠다.

셋째, 결론을 잘 맺어야 한다. 중요한 사건을 통해 얻은 성공과 실패라는 경험은 자신의 능력과 성격을 파악할 수 있는 중요한 수단이 된다. 이를 통해 자신의 개성과 능력, 장단점을 파악하면 유사한 상황에서 더 좋은 대응방법을 찾을 수 있다. 중요한 일에서 얻은 경험과 교훈은 중요한 정보가 된다. 한 연구 결과에서 보듯 우리 대부분은 성공의 정상과 실패의 나락에서 참된 자신과 만난다.

통제력을 길러라

동서고금을 막론하고 통제력은 성공한 사람이 반드시 갖춰야 할 덕목이자 능력이다. '예가 아닌 것은 보지 말고, 예가 아닌 것은 듣지 말며, 예가 아닌 것은 말하지 말고, 예가 아니면 행동하지 않아야 한다.'는 공자의 말은 통제력에 관한 가장 오래된 정의이다.

통제력을 논한 철학자도 적지 않다. 대 문학가 괴테는 이렇게 말했다. "인생으로 장난치는 자 성공할 수 없고, 자신을 지배할 수 없는 자는 노예가 된다." 영국의 위대한 극작가 셰익스피어는 이렇게 말했다. "사람아, 너희 스스로를 도와라." 심리학자이자 철학자인 윌리엄 제임스는 그의 저서에 이렇게 기록했다. "행동이 바뀌면 습관이 바뀌고, 습관이 바뀌면 성격이 바뀌고, 성격이 바뀌면 운명이 바뀐다." 통제력이 부족하면 우리의 삶은 방향을 잃고 성공과 멀어진다. 통제력이 부족하면 쉽게 외부의 간섭을 받아 인생의 목표에 도달하기 어려워진다.

만약 당신이 아직도 통제력의 중요성을 깨닫지 못했다면, 한 심리학자의 연구를 살펴보자. 그들은 4~5세 아이들을 한 조로 편성해 방에 두었다. 책상 위에 맛있는 마시멜로를 두고 아이들에게 설명했다.

"지금 먹으면 한 사람이 마시멜로 한 개만 먹을 수 있고, 선생님이 돌아올 때까지 기다리면 마시멜로 열 개를 얻을 수 있는 거야."

심리학자가 밖으로 나가자 아이들의 행동에 차이가 보이기 시작했다.

참지 못하고 마시멜로를 먹는 아이가 있었고, 유혹을 견디는 아이도 있었다. 심리학자가 돌아올 때까지 기다린 아이들은 마시멜로 10개를 얻었다. 장기간의 추적 연구 끝에 이 두 그룹의 아이들은 생활과 학업 성취에서 큰 차이가 있다는 사실을 알아냈다. 자신의 욕망을 조절하고 이겨낸 아이들은 매사에 신중했고 익숙하지 않은 환경에도 빠르게 적응하며 인간관계도 비교적 원만했다. 그러나 자기조절 능력에서 차이를 보였던 아이들은 고집스럽고 괴팍하며 쉽게 좌절했다. 스트레스를 견디는 능력이 약하고 문제에 봉착하면 자주 위축됐다. 이 실험은 자기 조절능력이 개인에게 미치는 영향을 잘 보여준다.

그렇다면 자기조절능력은 어떻게 길러지는 것일까? 다음 몇 가지 사항을 건의한다.

첫째, 가장 간단한 일부터 시작하라. 천릿길도 한 걸음부터다. 자기조절능력을 키운다며 시작부터 너무 압박을 주는 건 좋은 방법이 아니다. 급한 전화번호를 먼저 기록하거나, 업무 중 필요한 자료를 꺼내 책상 위에 올려 두거나, 주변을 청소하는 등 쉬운 일부터 시작하자. 처음부터 큰 목표를 세우기보다는 작은 일부터 시작해 자신이 할 수 있는 목표를 정하고 이 목표를 천천히 지켜나가자. 하지만 목표를 세우면 사소한 일이라도 반드시 지키는 자세가 매우 중요하다.

둘째, 매일 하나씩 해보자. 자신과의 약속을 꾸준히 지키기는 힘들다. 따라서 한발 물러서는 법도 알아야 한다. 모든 일을 하루에 끝낼 수 있다는 생각은 관두자. 오늘 안에 꼭 해야 할 일을 정해서 조금씩 늘려나가면 목표 달성의 기쁨은 커진다. 이런 만족감은 목표 실현에 중요한 동력이 되고 좋은 습관을 기르는 데 긍정적인 영향을 준다.

셋째, 하지 말아야 할 일을 매일 하나씩 정하자. 경영학에서는 습관이 되기까지는 13일이 필요하지만, 습관을 고치려면 더 긴 시간이 필요하다고 한다. 누구에게나 나쁜 습관은 있다. 나쁜 습관의 노예로 살기보다는 작은 것부터 하나씩 고쳐나가자. 나쁜 습관을 단시간에 고칠 수는 없다. 하지만 이런 작은 노력을 지속한다면 큰 성과를 거둘 수 있다.

사실 통제력의 중요성은 아무리 강조해도 지나치지 않다. 우리는 통제력으로 진위를 판별하고, 장단점을 분간하며, 시시비비를 정확하게 가려낸다. 통제력으로 할 일과 해서는 안 될 일을 판단하고, 처리 방법을 선택해 가야 할 방향을 정한다. 통제력은 우리가 걸어야 할 길을 알려주고 방향과 방법 그리고 '어떻게'라는 물음에 답을 제시한다.

도전과 포기를 아는 자가 성공한다

인생에서 도전은 용기이고, 포기는 지혜이다. 도전과 포기를 할 수 있는 사람은 인생이라는 긴 여정을 잘 헤쳐나갈 수 있다. 그들은 갈채 앞에서 덤덤하며 진창에 빠져도 평상심을 잃지 않는다. 큰 역경과 시련이 닥치면 이성적으로 대처해 해결할 수 있는 사람들이다. 이런 능력을 갖춘 사람만이 큰일을 도모할 수 있다.

도전은 책임이자 능력이다

문자 그대로 풀이하면 도전은 얻기 위한 연속적 행위를 말하며 성공으로 가는 과정이다. 대학자 후스(胡適) 선생은 도전을 사회와 맞닿은 예술이라 평가했다. 용감하게 책임을 지는 행동 또한 도전이다. 기개 있는 행동과 책임지는 자세, 지키려는 약속과 끊임없는 시도는 도전의 특징이다.

인류의 발전은 무에서 유를 창출하는 과정이었다. 역사나 고사에서 보듯, 발전은 고난을 극복하는 과정이자 끊임없는 도전의 과정이었다. 과거를 되돌아보면 역사적 사명을 짊어진 사람은 어떤 어려움 속에서도 굴하지 않았다. 결코 도전의 과정이 쉽지 않았지만, 이는 그들의 대단한 능력을 방증한다. 우리에게도 도전이란 많은 능력이 필요한 행동이다. 용기가 없으면 어려움 속에서 도전하겠다는 결단을 내릴 수 없다. 또한, 냉철한 판단력 없이는 도전에 무엇이 필요한지 알 수 없다. 그리고 의지가 없다면 중도에 포기하여 도전은 실패할 것이다.

노키아는 휴대폰 업계의 제왕이었다. 현재의 애플, 삼성, HTC 등 타 브랜드의 휴대폰이 아무리 잘 팔린다고 해도 노키아의 휴대폰 단일 모델 판매기록을 넘기는 어렵다. 노키아의 성과 뒤에는 도전이라는 능력이 있었다. 노키아가 처음부터 정보통신 산업으로 기업을 일으킨 것은 아니었다. 1980년대 노키아의 휴대폰 점유율은 겨우 14%에 불과했다. 시장 수요가 점차 커지자 노키아는 목재펄프, 케이블 등 기존 산업의 우세를 포기하고 휴대폰 통신산업을 중점사업으로 변환시켰다. 당시 노키아가 사용했던 간단하고 신속하고 편리한 사이판 시스템은 선풍적인 인기를 끌며 모토로라 등 타 브랜드의 휴대폰 시스템을 제쳐버렸다. 우리는 노키아의 이런 성공은 알지만, 그들이 휴대폰 업무를 시작하고 시스템을 개발하는 과정에서 겪은 어려움과 고난을 자세히 알려고 하지는 않았다.

산업 우위가 없던 휴대폰 사업에 뛰어든 노키아의 '작은 것을 희생해서 전체를 지키는 승부수를 던진다.'는 전략은 용기 있는 선택이었다. 복잡한 시장 변화 속에서도 노키아는 자신의 신념을 굳게 밀고 나갔다. 바(bar)타입 휴대폰을 선택한 노키아가 매달 신모델을 출시해 틈새를 공략했다는 사실 또한 높이 살 만하다. 기존의 모토로라, 지멘스, 에릭슨 등 굵직한 휴대폰 기업의 '진입장벽'을 마주한 노키아의 의지는 뜨거웠다. 이 북유럽 챔피언의 성장이 바로 우리가 앞에 말하고자 하는 '도전'의 과정이 아닐까?

노키아의 기업 발전사는 도전의 전형적인 사례라 볼 수 있다. 사실 일반인에게도 도전의 기회는 많다. 눈앞의 기회를 놓치지 않는 것, 따듯한 마음으로 상대를 꼭 안아주는 것, 청춘의 끝자락에 배낭 하나 메고 발길 닿는 대로 여행을 떠나는 행동도 다 도전이다. 우리는 도전이라는 DNA를 가지고 있다. 가슴속에 감춰진 열정과 에너지를 분출할 수 있는 용기만 있으면 도전은 어렵지 않다. 그렇다고 도전이 쉽다는 이야기는 아니다. 용기가 필요하고, 확고한 결심이 서야 하며, 기회를 판단하는 혜안도 필요하다. 더 중요한 한 가지 사실도 잊지 말자. 도전은 능력임과 동시에 자신과 타인에 관한 책임이다. 이제 도전이 무엇인지 알았으니 당신도 준비된 도전을 할 의향이 있는가?

포기는 예술이자 능력이다

도전이 얻기 힘든 능력이라면, '포기'는 처세의 핵심이다. 우리가 포기를 배울 수 있다면 실연의 고통이나 심적 부담, 복수심이나 권력쟁탈 그리고 헛된 명예욕까지 내려놓을 수 있다. 포기를 알아야 올바른 소유를 할 수 있고 멋진 인생을 그릴 수 있다.

청의 유명한 문학가 포송령(蒲松齡)은 과거시험에서 4번이나 낙방해 결국 벼슬을 포기하고 문사의 길을 가기로 했다. 그는 '고분지서(孤憤之書)'를 쓰고자 하는 마음에 구리 문진 위에 유명한 글귀를 새겼다.

"하고자 하는 뜻이 있으면 무슨 일이든 이룰 수 있고, 굳은 의지가 있으면 하늘이 저버리지 않는다."

자신에게 용기를 주기 위해 새긴 글귀였다. 후에 그는 결국 〈요재지이 聊齋志異〉라는 불세출의 대작을 완성했고 후대의 귀감이 되는 문학가가 되었다.

도전보다 포기가 현명할 때가 있다. 포기하면 편하고 행복한 삶을 즐길 수 있다. 포송령은 과거에 낙방해 관직에 오르지 못하자 관직을 포기하고 다른 길을 선택했다. 그는 새로운 선택 후 큰 성공을 거두었고 후대에게 귀한 정신적 유산을 남겨주었다.

포기하지 못하면 과거의 영광을 잃을 수 있다. 앞서 든 노키아의 사례를 다시 살펴보자. 북유럽의 챔피언이었던 노키아는 2006년 결국 일본 시장에서 철수했고, 지금은 마이크로소프트사가 노키아를 인수했다. 포기를 몰랐던 노키아의 태도가 낳은 결과였다. 노키아의 사이판 시스템은

스마트폰 업계의 대표 시스템이었다. 조작이 간단하고 편리했던 이 시스템 덕분에 노키아는 거대한 모토로라와 지멘스를 단번에 넘어설 수 있었다. 하지만 갈수록 빨라지는 기술혁신 속도와 휴대폰 수요 증가라는 상황 속에서도 노키아는 사이판 시스템을 버리지 못했다. 애플은 ios시스템을 출시했고, 구글이 내놓은 안드로이드 시스템도 큰 성공을 거두고 있었다. 노키아는 2008년 부진한 상황을 개선하고자 사이판 회사를 인수해 지속적인 개발을 시도했지만 결국 휴대폰 업계의 '1위 자리'를 내주어야 했다.

포기를 몰라 과거의 영광을 잃는 기업이 적지 않다. 아무것도 포기하지 않는다면 더 귀한 것을 잃을 수 있다. 성공하는 사람들은 눈앞의 득실을 따지지 않는다. 그들은 언제 무엇을 포기해야 하는지, 어떻게 포기해야 하는지 알고 있다. 포기는 고민과 분쟁에서 벗어나 앞으로 나가는 힘이다. 포기할 줄 아는 사람은 자신을 옥죄는 굴레에서 벗어나 자유롭고 힘차게 전진하며 더 현명한 사람으로 거듭난다.

생각을 바꾸면
기회가 보인다

소동파의 시에 나오는 두 구절이다. "가로로 보면 산마루요, 옆으로 보면 봉우리라. 원근고저 보는 곳에 따라 각기 다르네."

어디에서 보느냐에 따라 산의 풍경은 달라진다. 삶도 이와 같다. 당신이 어떤 시선으로 보느냐에 따라 삶의 면모도 바뀐다. 문제에 직면해 있을 때 생각의 전환만으로도 예상치 못한 답을 얻을 수 있다.

사고의 전환은 놀랄 만한 결과를 부른다

북경에서 생활하는 젊은 부부는 10제곱미터의 방에서 세살이를 하고 있었다. 아들이 북경에서 학교에 다니게 되자 부부는 내부공사를 하기 쉬운 원룸으로 이사하기로 했다. 그들은 일요일에 시간을 내어 아들과 함께 방을 보러 다녔다. 보는 집마다 위치가 너무 외졌다. 해질 무렵 드디어 저렴하고 조용한 집을 발견했다. 하지만 주인에게는 조건이 있었다.

"아이가 있는 집에는 세를 주지 않아요. 이것은 저의 원칙입니다. 아이 때문에 시끄러운 건 딱 질색이에요."

어떻게든 이 집에 세를 들고 싶었던 남편이 부탁했다.

"우리 아이는 시끄럽지 않습니다. 믿어주세요!"

"그런 아이가 어디 있나요. 남자아이라면 더 시끄럽죠."

주인은 딱 잘라 말하고는 문을 닫았다.

부부는 매우 낙담했다. 아들의 손을 잡고 돌아서려 하는데 아들이 다시 돌아가 벨을 눌렀다. 주인이 다시 문을 열었다. 주인은 아이를 보면서 웃는 얼굴로 말했다.

"무슨 일이니?"

"아저씨, 제가 세를 들고 싶어요."

"세를 든다고? 우리는 아이가 있는 집에 세를 내주지 않는단다."

아이가 말했다.

"저도 알아요! 저는 아이가 없어요. 아빠랑 엄마만 있죠. 제가 세를 얻을 수 있는 거 맞죠?"

주인은 아이의 말에 놀란 표정이었지만, '피식' 웃으며 시원하게 대답했다.

"좋다, 똑똑이. 너에게 세를 주마."

'똑똑이'는 엄마 아빠가 해결하지 못한 일을 해결했다. 어른과 생각하는 바가 전혀 달랐기 때문이다.

인생살이도 다르지 않다. 당신의 사고와 생각에 따라 인생도 달라진다. 매일 우울한 기분으로 살아간다면 쉬이 지친다. 즐거운 마음으로 매 순간을 산다면 삶의 순간순간은 그림이 될 수 있다. 달리 생각하면 고난도 삶의 자산이 될 수 있다. 어려움이 있을 때 자신을 단련시키는 과정이라 생각하고 부딪혀보자. 이 과정을 겪어야 역경을 딛고 성공할 수 있다.

고정된 틀을 깨고 당신의 생각에 새로운 바람이 일게 하자. 인생이 아름다워진다.

관점이 바뀌면 기회가 된다

어떤 철학자가 말했다. 고통은 문제의 존재에서 비롯되지 않는다. 이 문제를 사유하는 순간 생겨난다. 그런데 우리가 다른 시각으로 문제를 본다면 고난은 생각보다 크지 않다. 실패는 인생에서 자주 벌어지는 일이다. 낙심할 수 있다. 하지만 다른 시각으로 실패를 평가해보자. 실패로 삶에 대한 깊은 이해가 가능해지니 성공할 가능성은 그만큼 커진다.

어느 여름밤이었다. 사공이 둑에 배를 대려다 강에 뛰어든 사람을 보았다. 사공은 급히 배를 저어 사람을 구했다. 아름다운 젊은 여성이었다. 사공은 이해할 수 없었다.

"이렇게 젊은 사람이 무엇 때문에 목숨을 끊으려 했소?"

그녀가 울며 대답했다.

"남편은 결혼한 지 3년 만에 저를 버렸어요. 얼마 지나지 않아 아이도 병으로 죽고 나니, 혈육 하나 없는 세상을 살아 무엇하나요? 저를 왜 구하셨어요!"

어부는 그녀의 대답에 잠시 생각했다.

"3년 전에는 어떻게 살았나요?"

그녀는 울음을 그치지 못했다.

"그때야 자유로웠죠. 걱정 근심 없이 잘 살았어요."

어부가 진지하게 물었다.

"그때 남편과 아이가 있었나요?"

젊은 여자가 대답했다.

"아니요."

어부는 살짝 웃으며 말했다.

"그럼 이렇게 생각해요. 운명의 배가 당신을 3년 전으로 보낸 거예요. 걱정 근심 없이 자유로우니 얼마나 좋아요. 배를 댈 테니 이제 내리세요."

어부의 말을 듣고 있자니 여자는 꿈을 꾸는 것 같았다. 여자는 눈물을 닦고 잠시 생각하더니 배에서 내려 걸어갔다. 더는 자살을 생각하지 않았다. 그리고 다른 인연을 만나 새로운 인생을 시작했다.

사공은 그녀가 다른 관점에서 인생을 볼 수 있도록 도왔다. 여자는 관점을 바꿈으로써 삶의 빛을 발견하고 새로운 삶을 살 수 있었다. 인생이라는 긴 여정에서 겪게 되는 크고 작은 일들로 아쉬움이 남거나 마음이 심란할 때면 다른 관점으로 생각해보자. 막다른 상황을 탈피할 새로운 길을 열 수 있다.

6장

정情을 저축하면
인맥이 쌓인다

인맥은 돈보다 귀한 무형의 자산이다. 인간관계는 은행과 고객의 신용관계와 닮아 있다. 우리가 예금주를 가지고 있는 은행일 수도 있고, 동시에 다른 은행의 예금주가 되기도 한다. 여기에 정(情)을 저축해보자. 성공과 행복이 가까워진다.

사람을 얻으려면
감정교류에 투자하라

관계 맺기에서 감정은 필수요소다. 진실한 감정 교류는 좋은 관계 맺기에 촉매제가 된다. 지혜로운 사람이 감정투자를 중요하게 생각하는 이유다. 즉각적인 효과를 바랄 수는 없지만, 신뢰관계가 구축되면 우정은 두터워지고 서로의 일에도 큰 힘이 된다.

사장이 직원의 이해와 존중을 바란다면, 먼저 관심을 기울이고 사랑하는 마음으로 대해야 한다. 이것이 감정투자다. 직원과 긍정적 감정 교류가 형성되면 업무효율은 절로 올라간다. '내가 주는 월급으로 사는 직원들에게 잘해줄 필요는 없지.'라는 생각으로 직원들에게 강압적으로 지시만 내리고 감정투자를 게을리하면 사원들의 불만은 커지고 업무효율은 떨어질 것이다.

이렇게 중요한 감정투자를 할 때 무엇을 주의해야 할까?

말이 아닌 행동이다

감정투자는 반드시 말이 아닌 행동으로 보여야 한다.

진승오광의 난(陳勝嗚廣─亂), 유비 제갈량의 삼분천하(三分天下), 홍수전(洪秀全)의 태평천국운동(太平天國運動) 등 중국 역사에는 많은 봉기가 있었다. 그들의 봉기 과정에서 감정투자의 예를 찾아볼 수 있다. 제갈량은 문인으로 이름을 날리는 인물이었지만 그의 재능을 알아보고 기용하는 현명한 군주가 없어 은둔생활을 하고 있었다. 유비는 의형제 장비의 반대를 무릅쓰고 제갈량을 찾아갔다. 그는 제갈량이 가지고 있던 문인의 자존심을 지켜주고자 삼고초려 하며 오랫동안 자신의 진심을 표현했다.

태평천국운동 초기, 홍수전은 천왕 신분임에도 자만하지 않았다. 그는 〈천조전무제도(天朝田畝制度)〉로 자신을 엄격히 관리하면서 민중으로 들어갔다. 그들과 생활하면서 '함께 경작하고, 먹고, 입고, 함께 쓰는 평등한' 이상사회에 대한 염원을 행동으로 보여주었다.

감정투자의 예는 헤아릴 수 없을 만큼 많다. '물은 배를 띄울 수도 있지만 뒤집을 수 있다.' '존중받고 싶다면 먼저 타인을 존중해라.' 이 같은 말에도 감정투자의 이치가 담겨 있다. 감정투자는 말로 이루어지는 게 아니다. 반드시 실천이 따라야 한다. 그리고 진심만이 진심을 얻을 수 있다. 감정투자를 말로 설명하면 복잡할 수 있겠지만 가장 중요한 점은 딱 하나다. 진심과 행동으로 상대의 마음을 얻는 것이다.

감정투자는 장기적으로 진행한다

'먼 길을 가야 말의 힘을 알 수 있고, 세월이 지나야 인심을 알 수 있다.'는 말처럼 감정투자도 장기적인 안목으로 접근해야 한다. 기대한 이익이 있을 수도 있고, 없을 수도 있다. 관계에서 이해와 신뢰가 생기려면 긴 시간이 필요하다. 그 과정에서 관계는 검증되고 깊어진다. 따라서 감정투자의 진수는 꾸준한 진심이다.

한 신발 회사의 사장은 직원들의 생활에도 관심을 두는 좋은 사람이었다. 이 회사의 직원 장신은 형편이 넉넉지 않았다. 아버지의 수술비를 마련하기 위해 휴가를 내고 여기저기 돈을 빌리러 다녔다. 그 모습을 본 사장이 물었다.

"집에 무슨 일이 있나? 내가 도울 수 있으면 말해보게. 회사에 많은 동료가 있으니 무슨 일이든 혼자 짊어지려고 하지 말게."

사장의 진심이 느껴졌다. 그 순간 설움이 북받친 장신은 울음이 터져 나왔다. 장신이 상황을 설명하자 사장은 2만 위안을 가불해주고 유급휴가도 주었다. 아버지를 잘 보살피라는 당부의 말도 잊지 않았다. 이 일로 장신은 죽을 때까지 이 회사에 충성하겠다고 다짐했다.

시간이 흘러 시장경쟁이 치열해지면서 회사는 파산할 위기에 처했다. 당시 미국의 큰 신발 회사 임원이었던 장신의 외삼촌은 장신에게 괜찮은 국내 프로젝트를 찾아봐 달라고 요청했다. 미국 신발 회사는 중국시장 진출을 위한 협력사를 찾는 중이었다. 장신은 성장 가능성이 있는 기업에게 자금을 투자하는 프로젝트라는 말을 듣고 이 신발 회사에 투자할 것을 제안했다 하지만 외삼촌은 심사숙고해서 결정을 내릴 일이라며 보류했다. 장신은 몇 해 전의 일을 외삼촌에게 말했다.

"삼촌, 그때 삼촌이 공부 중일 때 아버지가 암에 걸리셨어요. 만약 그때 사장님이 도와주지 않았다면……."

외삼촌은 장신의 이야기를 듣고, 이 회사에 큰돈을 투자해 회사가 다시 일어설 수 있도록 적극 도왔다. 또한, 신제품 디자인을 공유하고 설비가 갖춰진 공장도 제공하여 그간의 손실을 매울 수 있게 조치했다.

회사는 기사회생했고 규모도 점점 커졌다. 이것은 우연히 찾아온 행운이 아니었다. 평소에 타인에게 베푼 진심이 모여 만들어진 감정 자산이 있었기에 가능한 일이었다.

정은 더 좋은 인맥을 만든다

인간은 감정의 동물이라 '정'에서 자유로울 수 없다. 우리는 타인의 동정과 존중 그리고 이해와 신뢰가 있어야 하는 존재다. 이를 얻으려면 진심을 투자 밑천으로 삼아야 한다. 이 점을 기억하고 행동으로 옮기면 당신의 인간관계는 크게 달라질 수 있다.

친구나 직장 동료 심지어 모르는 누군가와 관계를 맺을 때에도 먼저 '정'을 주어야 한다는 사실을 기억하자. 정을 주면 당신을 위한 인맥이 만들어진다. 이때에도 장기적인 안목과 목표가 있는 감정투자를 잊지 말자.

당신에게 '마음의 빚'을 지게 하라

일 잘하는 사람은 관계 맺기와 베풀기를 잘한다. 도움이 필요한 사람에게 선뜻 손을 내밀며 마음을 쓰는 사람에게는 항상 좋은 일이 생긴다.

남을 도우면 스스로를 돕는다

미국 유명 작가인 엘버트 허버드(Elbert Hubbard)는 말했다. "스스로를 돕는 유일한 방법은 타인을 돕는 것이다. 현명한 사람이라면 모두 이 진리를 안다." 도움이 필요한 사람에게 기꺼이 손을 내밀 수 있다면 인맥은 넓어진다.

영업사원 존이 콤바인을 판매하러 농장주를 만나러 가는 날이었다. 수많은 영업사원이 이 농장주에게 판매를 시도했지만 다들 빈손으로 돌아왔다. 존은 걱정이 이만저만 아니었다. 농장으로 가는 길에 존은 화단 안에 있는 잡초를 무심코 뽑았다. 그때 밖으로 나오던 농장주가 그 모습을 보았다.

존은 농장주를 보고 자신이 온 목적을 밝히려는데 농장주가 먼저 손을 내저으며 말을 끊었다.

"설명하지 않아도 돼요. 5대 살 거니까. 계약금 찾으러 같이 갑시다. 회사에 전화해서 최대한 빨리 배송해달라고 말해줘요."

존이 놀라 물었다.

"기계를 구매해주셔서 감사합니다. 그런데 보지도 않고 5대나 구매하려는 이유를 여쭤봐도 될까요?"

농장주가 말했다.

"마침 5대가 필요했어요. 일면식도 없는 당신이 파는 기계를 선택한 이유는 조금 전에 당신의 행동을 봤기 때문입니다. 당신은 즐겁게 타인을 돕는 사람이더군요."

무심코 한 행동이 이처럼 큰 성과를 가져다준다는 사실이 믿기지 않겠지만 사실 이는 필연적인 결과였다. 남을 도우면 그 보답은 자신에게 돌아온다. 변화무쌍한 세상에서 우리는 늘 타인의 도움이 필요하다. 자신의 자리에서 남을 돕고 인정을 베풀면 정이 쌓인다. 살다 보면 누구나 남의 도움이 필요하다. 남에게 꽃을 선물하면 우리의 손에는 향기가 남는다.

정이 가면 길이 늘어난다

'집에서는 부모에게 의지하고 밖에서는 친구에게 의지한다.'는 속담이 있다. 친구가 하나 늘면 길도 하나 는다. 타인의 관심을 원한다면 먼저 타인을 사랑해야 한다. 사람은 아름답다는 마음으로 즐겁게 선행을 해보자. 자신을 위한 '감정 채권'은 쌓여간다.

미국 마이애미 변호사인 제시카는 일을 시작한 지 몇 년 만에 자신의 법률사무소를 차렸다. 처음에는 승승장구하는 듯했으나 주식투자에 손을 잘못되는 바람에 그녀는 한순간에 모든 재산을 잃고 말았다. 엎친데 덮친 격으로 골치 아픈 사건을 맡아 진행하던 중 증거를 충분히 준비하지 못해 거액의 손해를 감당해야 했다. 이 사건으로 회사는 문을 닫을 수밖에 없었다.

제시카는 생계를 고민해야 하는 가난한 생활로 돌아왔다. 그러던 어느날 어느 유명 기업의 회장이 보낸 한 통의 편지를 받게 되었다. 회장 소유의 법률사무소를 제시카에게 무상으로 넘겨주겠다는 내용이었다.

제시카는 편지 내용을 믿을 수 없었다. 이튿날 회장을 만날 약속 시각을 잡기 위해 비서와 통화하던 중 제시카의 이름을 들은 비서가 매우 공손하게 말했다.

"제시카 선생님이시군요. 따로 약속하실 필요는 없습니다. 전화번호를 남겨주시면 회장님께서 직접 연락하실 겁니다. 미팅 시간은 언제가 편하신가요?"

이튿날 제시카는 바로 회장을 만날 수 있었다. 제시카가 자리에 앉자 회장은 서랍 안에서 제시카의 이름과 주소가 적힌 명함 한 장을 꺼내

보였다.

"저는 10년 전 마이애미에서 임시직 자리를 구했습니다. 그런데 그날까지 신분증을 발급받지 못하면, 제 자리가 없어질 상황이었죠. 급하게 신분증을 발급받기 위해 줄을 섰지만 제 차례는 한참 멀었고 마감시간이 가까워지고 있었어요. 초조해진 내가 혼잣말을 중얼거렸는데 앞 창구에서 기다리고 있던 당신이 그 말을 듣고는 내가 먼저 카드를 발급받을 수 있게 해주었어요. 나는 감사한 마음에 당신의 이름과 주소를 남겨놓고 후에 꼭 감사인사를 해야겠다고 생각했어요. 당신 덕분에 바로 신분증을 발급받을 수 있었으니까요. 전 이 명함을 보관해두었어요."

제시카도 몰랐던 사실이었다. 회장은 말을 이어갔다.

"나는 당신의 친절함과 도움을 잊을 수 없었어요. 당신의 선의가 세상을 대하는 나의 태도를 변화시켰거든요. 지금은 당신이 도움이 필요하고, 내가 보답할 때인 것 같아요."

이러한 결과는 제시카가 계획하며 뿌려놓은 씨앗이 아니다. 그의 선한 마음과 행동이 이끌어낸 기적 같은 결과이다. 선행이야말로 사람의 도량과 기개를 가장 잘 보여주는 지표가 아닐까 한다.

감정투자는 티끌 모아 태산이다

감정투자는 티끌 모아 태산이라는 속담처럼 매일 조금씩 쌓여 커진다. 시간이 흐르면 당신의 감정은행에도 예금이 늘어갈 것이다. 우정과 사랑은 특별한 순간에 나타나는 감정이 아니다. 일상의 소소한 일에서 당신이 타인에게 우호적인지 적대적인지를 알아볼 수 있다.

루스벨트(Roosevelt)의 심복 안드레와 그의 아내는 대통령 사저와 가까운 별채에서 살고 있었다. 안드레의 부인은 줄곧 도시에서 생활했기 때문에 자연 속 야생동물을 볼 기회가 없었다. 호기심이 많은 그녀가 안드레에게 물었다.

"야생오리는 도대체 어떻게 생겼어요?"

말주변이 없는 안드레는 잘 설명하지 못했다. 하루는 부인이 루스벨트 대통령에게 같은 질문을 했다.

"야생오리는 도대체 어떻게 생겼나요?"

박학다식한 루스벨트 대통령은 인내심을 가지고 설명했다. 야생오리의 모습뿐 아니라 생활 습성도 설명해주며 그녀의 호기심을 채워주었다. 이야기는 여기서 끝나지 않았다. 이튿날 일어난 일은 감동적이었다. 이튿날 새벽녘에 안드레의 집에 전화벨이 울렸다. 루스벨트 대통령의 전화였다. 루스벨트 대통령은 안드레의 부인에게 말했다.

"창문 밖을 보세요. 풀밭에 야생오리가 있네요."

안드레의 아내가 창문을 열자 야생오리가 보였다. 그리고 맞은편 창가에서 익살맞은 표정으로 웃고 있는 루스벨트 대통령도 보였다.

생각지 못한 작은 일에도 당신의 진심을 보여준다면 타인은 뜻밖의 친절에 크게 감동할 것이다. 당신이 타인에게 관심, 사랑, 도움, 보살핌을 표현하면 좋은 인간관계는 저절로 만들어진다.

인적 네트워크가 필요한 이유

심리학계의 권위자 앤서니 로빈스(Anthony Robbins)는 이렇게 말했다. "전 세계 성공한 사람들의 가장 중요한 특징은 인맥을 만들고 지키는 것이다." 인생에서 가장 큰 재산은 인간관계이다. 인간관계는 원하는 능력을 이루려면 꼭 갖추어야 할 첫 번째 능력이다. 인간관계를 통해 부를 쌓을 수 있고 사회에 공헌할 수 있다. 현대사회에서는 인맥의 질이 개인의 경쟁력을 결정한다. 따라서 인맥이 개인의 성공에 미치는 영향은 매우 크다. 인맥을 넓혀 인적 네트워크를 구축할 수 있다면 당신의 삶과 사업은 날개를 달 것이다.

친구가 많으면 인맥 확장에 도움이 된다

미국 인적자원관리협회가 인적자원팀장과 구직자를 대상으로 조사를 진행한 결과, 인적자원팀장과 구직자의 95%가 인맥을 통해 인재를 고용하거나 취업을 한 경험이 있다고 대답했다. 중국의 유명 구직사이트에서도 '가장 효과적인 취업 과정'이라는 이름으로 설문을 진행한 결과, '지인 소개'가 2위를 차지했다. 인맥을 넓히자. 자기의 인맥을 자본 삼아 인적 네트워크를 넓힐 수 있는 계획을 세워보자. 지인들을 쭉 열거해 적어보고 확대 가능한 인맥을 찾아보자. 친구에게 소개를 받을 수 있는 사람은 소개받아 기회를 만들고 목표 그룹과 친분을 쌓아나가자.

인적 네트워크에서는 사귄 사람의 수가 많을수록 이후에 친구가 될 사람도 많아진다. 인맥 정보를 폭넓게 수집해 더 많은 사람과 친분을 쌓으며 인맥을 넓힐 방법을 연구해야 한다. 친분을 쌓는 과정에서 생기는 문제가 무엇인지 알아보고 지속해서 개선해가면서 관계를 넓혀가야 한다. 귀인은 항상 가까운 곳에 있다. 인맥을 의식적으로 관리하면서 반드시 사귀어야 할 친구를 찾아 관계를 만들어보자.

네트워크가 다양하면 인맥도 넓어진다

만약 자신의 생활과 일에서 벗어난 인맥을 개척하고 싶다면 친구 영역을 넓혀야 한다. 효과적인 방법 중 하나가 바로 '가상모임'에 참여하는 것이다. 모임활동의 확대로 인맥을 관리해보자. 만약 누군가가 의도적으로 친해지려 하면 반감이나 경계심을 가지기 쉽다. 하지만 모임활동 자리에서 친분을 쌓는다면 자연스러운 상호교류가 가능해 어렵지 않게 신뢰와 우정을 쌓을 수 있다.

모임에 적극 참석하자. 이사장, 회장, 비서장 등 주관자의 역할을 맡는다면 효과는 더욱 커진다. 타인에게 정을 베풀 수 있는 기회를 잡을 수 있고, 이 과정에서 자연스럽게 교류가 많아져 많은 친구와 협력자를 얻을 수 있다.

기존 인적 네트워크를 통해 인맥을 확대하라

왕 선생은 소형가전기업의 영업부 매니저이다. 그는 한가한 시간에 인터넷 서핑하는 걸 좋아하는데, 시간이 나면 자신의 블로그에 일하면서 겪은 경험이나 교훈, 어려움 등을 올렸다.

하루는 그가 괜찮은 글을 읽고 후기를 올렸다. 이 일을 계기로 작가와 글을 주고받다 보니 그와 친구가 되었다. 그들은 인터넷 교류를 통해 서로의 취미와 가치관, 일 처리 능력 등을 주제로 많은 대화를 하면서 더욱 가까워졌다. 관계가 깊어진 몇 개월 후에는 직접 만나 얘기를 나눴다. 알고 보니 작가는 한 대형 가전회사의 대표였고, 그는 왕 선생에게 자신이 일하는 기업의 가맹점을 해보면 어떠냐고 제안해왔다. 후에 왕 선생은 이 대기업의 마케팅부서 부CEO가 되었다.

인터넷이라는 자원을 잘 활용하면 마음이 맞는 친구를 사귈 수 있다. 인맥 자원을 폭발적으로 늘려 사업 발전을 모색할 기회가 인터넷에 있다.

소통할수록 기회가 생긴다

인맥을 확대하려면 가능한 한 모든 기회를 놓치지 말아야 한다. 결혼식에 참석한다면 조금 일찍 식장에 도착하자. 일찍 도착하면 모르는 사람을 사귈 기회가 더 많아진다. 행사에 참석해 더 많은 사람과 명함을 교환하고,

휴식시간을 이용해 많은 이야기를 나누자. 여행 중이면 자발적으로 타인과 교류하자. 회사에서 상사나 동료와 독대할 기회가 있다면 귀하게 여기자. 상사와 회의에 참석하거나 출장을 간다면 충분히 준비해서 적당한 기회를 잡아 자신을 드러내자.

'어리석은 자 기회를 놓치고, 지혜로운 자 기회를 잡고, 성공한 자 기회를 만든다.'는 속담이 있다. 기회는 준비된 사람에게 온다. 기회를 잡거나 기회를 만든다면 성공적으로 인맥을 넓힐 수 있다.

좋은 벗를 위한
마음의 자세

지기지우(知己之友 속마음을 참되게 알아주는 친구)는 살면서 없어서는 안 될 재산이다. 당신에게 지기가 있다면 삶은 즐겁고 인생은 아름다워지며 진정한 감동이 무엇인지 알게 된다. 그러면 이런 친구는 어떻게 대해야 할까? 친구를 어떻게 대하는지만 봐도 그 사람의 됨됨이를 알 수 있다. 진심으로 친구를 대하고 괴롭히지 않는다. 친구의 장점을 볼 줄 알아야 마음을 나누는 진정한 친구가 될 수 있다. 친구를 시기하지 말고 상처 주지 않고 즐겁게 해주자. 이런 친구가 된다면 그도 당신의 삶으로 들어와 당신과 동고동락할 것이다.

가장 진실한 배려

로마의 시인은 이렇게 말했다. "우리가 먼저 배려하면 타인도 우리를 배려한다." 당신이 진심으로 배려하는 사람이라면 그는 당신이 가장 신뢰하는 사람이다. 부모와 형제 그리고 연인이나 배우자는 당신이 가장 신뢰하는 사람이다. 그리고 허물없는 친구도 당신이 가장 신뢰하는 사람 중하나다. 만약 당신이 친구에게 당신의 신뢰를 전하고자 한다면 깊은 배려를 통해 그가 당신의 진심을 느낄 수 있게 해야 한다.

친구가 피곤할 때 건네는 따뜻한 말 한마디도 배려이다.

"요즘 안색이 안 좋은데 무슨 일 있어?"

"너무 일만 하지 말고 몸도 챙기면서 해."

당신의 따뜻한 말 한마디에 친구는 나를 생각해주는 사람이 옆에 있음을 느낀다.

가장 관대한 이해

우정의 전제는 충분한 이해다. 우정은 자유와 평등 위에 세워지고 관대한 사랑으로 깊어진다. 진심과 이해가 없는 사이라면 우정은 단발성으로 끝난다.

기꺼이 친구를 돕고 그 어려움을 이해하자. 만약 당신도 이와 같은 친구를 원한다면 먼저 조건 없는 이해와 진심을 전하자. 어려운 일이 있으면 힘이 닿는 데까지 돕자. 당신의 진심이 전해지면 진심을 나누는 친구를 두게 될 것이다.

가장 큰 포용

관용은 존경과 신뢰, 책임과 도의가 포함된 개념이다. 친구 사이라면 관용은 특히 중요하다. 관용은 친구에 대한 신뢰이자 애정이다. 관용으로 친구를 대할 줄 모르면 친구도 당신이 자신을 친구로 여기지 않는다는 생각에 당신을 멀리한다.

너그러운 마음으로 희생정신을 가지고 친구를 대하자. 자신에게 더 많은 책임을 지우면 당신은 친구의 웃음과 신뢰 그리고 존중을 얻을 수 있다. 넓은 아량으로 친구를 대하면 우정은 깊어진다.

최대한의 지지

친구라면 절대적으로 지지해주자. 추호의 의심이나 망설임은 필요 없다. 세상이 그를 믿지 않고 버리더라도 당신만은 그를 지지하고 있으니 지금의 고난은 곧 이겨낼 수 있다는 믿음을 심어주자.

"나는 너를 믿어. 너는 분명 성공할 거야!" 이 간단한 응원의 메시지는 친구에게 큰 동력이 되고 믿음이 된다. 친구가 좌절과 실패 앞에서 힘들어할 때 그들에게 절대적인 지지를 표하자. '힘내, 너는 쓰러지지 않을 거야!' '곧 성공할 거야. 너는 절대 문제없어.' '너는 매우 강해. 나는 너를 믿어!' 이런 따뜻한 말은 친구에게 큰 격려이자 믿음이 된다.

인맥을 지키고
관리하는 법

인맥은 넓히는 것도 중요하지만, 사람을 잃지 않도록 관리하는 것도 중요하다. 어떻게 관계를 이어갈지는 여러 방면에서 모색해볼 필요가 있다.

상대가 필요한 순간에 손을 내밀어라

'금상첨화(錦上添花)보다 환난상휼(患難相恤)이 낫다.'는 말이 있다. 즐거울 때 더 기쁘게 해주는 것보다 어려울 때 도와주는 것이 더 낫다는 말이다. 도움이 필요한 사람에게 건네는 손길은 도움을 주는 사람에게도 행복을 주지만 받는 사람에게는 평생 잊지 못할 기억이 된다.

'환난지교(患難之交)야말로 진정한 친구다.'는 말을 종종 한다. 인생은 항상 순탄할 수 없다. 실패로 좌절을 겪을 때나 곤경에 처했을 때는 타인의 도움이 절실하다. 추운 겨울 땔감을 보내주는 사람은 평생 잊을 수 없다는 이치를 기억하자.

친구가 형편이 좋지 않아 공부할 참고서를 살 수 없다면 친구에게 복습 자료를 건네보자. 친구가 예상치 못한 재난으로 힘들어한다면 필요한 물품을 전달하자. 병에 걸린 직장 동료를 찾아가 몸조리 잘하라는 격려를 해보자. 중요한 때를 놓치지 않고 도움이 필요할 때 손을 내밀어보자. 당신의 인맥은 활짝 핀 꽃처럼 아름다워진다.

샤오우와 부인은 길을 걷던 중 안색이 좋지 않은 할머니를 만났다. 샤오우는 집에 무슨 일이 있는지, 도움이 필요하지는 않은지 친절하게 물었다. 아들이 외국으로 유학을 간 사이 노인은 며느리에게 학대를 당하고 있었다. 지금도 며느리의 학대를 피해 길에 나와 있는 상황이었다.

샤오우 부부는 자신들의 집으로 노인을 모셔오고, 며느리로부터 보호받을 수 있도록 소송을 도왔다. 법정 판결을 받은 후 노인은 무사히 자신의 집으로 돌아갔지만, 집이 너무 낡고 형편이 좋지 않았다. 이후에도 부부는 노인에게 생필품을 보내고 집을 수리해 노인이 편히 살 수 있도록 도왔다. 하지만 부부가 이사를 하면서 노인과의 인연도 끝나는 듯했다.

그리고 얼마 후, 큰 병에 걸린 샤오우는 며칠 동안 의식불명 상태였다. 그가 막 깨어났을 때 아내는 놀라운 이야기를 전했다.

"할머니와 그 아들이 당신을 보러 왔었어요. 할머니 아들이 작년에 돌아와서 우리를 찾으러 1년간이나 수소문했더라고요. 당신이 깨어나기 바로 전에 회사에 일이 있다며 돌아갔어요."

샤오우는 감동했다. 다음 날 더욱 감동적인 일이 일어났다. 아침 일찍부터 할머니와 아들이 샤오우를 데리러 왔다. 큰 병원의 의사인 노인의 아들은 샤오우를 최고의 병원으로 안내했고 그를 위해 가장 우수한 의료진을 배정해주었다. 노인의 아들이 직접 샤오우의 수술을 집도했다. 수술은 성공적이었고, 샤오우는 악몽 같았던 반년의 병마에서 벗어날 수 있었다.

샤오우는 건강을 되찾은 후에도 이 일만 생각하면 눈물이 났다. 어려움에 처한 노인을 위해 작은 도움을 베풀었을 뿐인데 너무 큰 보답을 받왔다는 생각이 들었다.

곤경에 처했을 때 당신이 진심을 담은 관심과 실질적인 도움을 준다면 타인의 마음은 따듯해진다. 타인에게 당신은 중요한 사람이자 평생 기억할 은인이 된다. 그는 당신의 우정을 가슴 깊이 새기고 당신에게 보답할 기회를 찾을 것이다. 어려울 때 주는 도움은 인맥을 쌓기 가장 좋은 방법이다.

사소한 것에라도 예의를 지키자

현대사회에서 명함은 관계 맺기를 위한 중요한 부분을 담당하고 있다. 명함은 항상 지니고 다니고 인사할 때 건네자. 동료나 상사가 당신에 대한 인상을 판단할 때 복장도 매우 중요하다. 손님과 식사하는 자리라면 당신의 언행은 사업의 성패를 결정짓는 중요한 요소가 될 수 있다. 사무실에서 무의식중에 했던 교양 없는 언행으로 중요한 자리에 참석할 기회를 잃을지도 모른다. 따라서 예의는 인맥형성을 위한 중요한 매개체이다. 예의로 존경과 우정 그리고 진심을 전달할 수 있다. 반대로 생각 없는 언사나 행동으로 교양이나 품격 없는 사람이 된다면 반감을 사 인맥을 잃기도 한다.

예의 바른 모습은 당신의 교양 수준을 나타낸다. 예의가 바르면 좋은 평판을 얻고 많은 인맥을 쌓아 성공의 기반을 닦는 데 큰 도움이 된다. 그렇다면 이 예를 행하는 데 있어 주의해야 할 점은 무엇일까?

옛말에 '겉과 속이 아름다우면 군자가 된다.'는 말이 있다. 이는 외모 뿐만 아니라 내면의 품위가 있어야 환영받는 인사가 된다는 뜻이다. 이렇듯 예의는 예절의 기초이자 당신을 품위 있는 사람으로 만드는 기본 요소다. 우리는 모두 타인의 존중을 원한다. 타인의 인정과 존중이 있어야 삶에 의의를 느낄 수 있기 때문이다. 예의는 존중과 인정을 나타내는 가장 간단한 방법이다. 예의를 배우고 매일 조금씩이라도 실천해야 하는 이유다.

문을 여닫는 행동에도 예절은 있다. 하지만 사소한 예절의 중요성을 간과하는 사람이 있다. 그들은 '꽝' 소리가 나도록 문을 세게 여닫는다. 이런 큰 소리가 나면 고의로 문을 세게 닫았다는 오해를 살 수 있다. 문은 살며시 여닫자. 그렇다고 너무 살짝 닫는 것은 좋지 않다. 만약 당신이 문을 너무 천천히 연다면 상대방은 매우 놀라거나 수상하다고 생각할 것이다. 문을 여닫을 때의 행동을 보면 교양 수준이나 심적 상태 등을 파악할 수 있다. 이렇게 사소한 예절이 상대방이 당신을 평가하는 요소가 된다는 점에 유의하자.

누군가 큰 소리를 내거나 난폭하게 문을 여는 장면을 상상해보자. 물론 무의식중에 한 행동이고 좋지 못한 버릇이나 주의력 없는 성격 때문일 수도 있지만, 교양 있어 보이지는 않는다.

고객을 방문하러 온 사람이 있었다. 그는 휙 소리를 내며 접견실 문을 열었다. 안내직원이 이 소리를 듣고 따라 들어왔다.
"잠시만 기다려주시면 사장님을 모시고 오겠습니다."

안내직원이 사장실로 와서 알렸다.

"사장님, 손님 오셨습니다."

사장이 말했다.

"시간을 칼같이 지키네요. 곧 가보도록 하지요. 그런데 인상이 어떻던가요? 그분 첫인상을 말해보세요."

안내직원이 말했다.

"사장님, 그분이 어떤 분인지 함부로 단정하기 어렵습니다. 외모상으로 봤을 때 차림이 단정했고, 시간도 매우 잘 지키셨습니다. 괜찮은 분인 듯합니다. 그러나 문을 열 때 소리가 커서 조금 놀랐습니다. 이런 행동을 보면 예의가 없어 보이기도 합니다."

안내직원의 말은 그의 첫인상에 어느 정도 영향을 미쳤을 것이며 크게는 협상 결과에도 영향을 미쳤을 것이다. 이렇듯 범사에 예의범절을 지키는 일은 아주 중요하다. 위의 사례처럼 고객이 눈앞에 없는 상황이라 할지라도 예의를 지켜야 한다.

부드럽고 우아하게 말하고 대범하게 행동해야 사람들에게 깊고 좋은 인상을 남길 수 있다. 언제 어디서든 예의범절에 주의를 기울이고, 명함을 주고받으며 더 많은 인맥을 쌓아 성공의 미래를 만들어보자.

7장

나만의
카리스마로
승부하라

카리스마는 볼 수도 만질 수도 없지만, 분명히 느낄 수 있는 흡인력이다. 사람은 저마다 자신만의 독특한 카리스마를 가지고 있다. 카리스마는 자신의 모습이 투영된 영향력이자 매력이며, 지혜와 내적 역량이 어우러져 만들어진다. 카리스마는 타인을 동화시키는 힘이 있다. 당신을 믿고 경외하고 존경하게 하고 싶다면 카리스마를 가져야 한다. 카리스마가 있는 당신이라면 계획대로 성공에 다다를 수 있다.

카리스마는
성공을 부르는
신비한 힘

천지 만물은 자신만의 카리스마가 있다. 카리스마는 생명과 함께하는 정신적 기호라고 할 수 있다. 당신이 건강한지 허약한지, 적극적인지 소극적인지, 밝은지 어두운지, 의욕적인지 무기력한지를 알려준다. 카리스마는 성공을 위한 첫 관문의 열쇠가 될 수 있다.

만약 당신이 건강하고 밝은 사람이라면 이미 강력한 카리스마를 소유하고 있다. 당신은 자신의 카리스마로 타인을 동화시킬 수 있다. 반대로 당신이 심신이 허약하고 의기소침하며 우울한 상태라면 약하고 어두운 카리스마가 있는 것이다.

우리에게는 강력한 카리스마가 필요하다. 카리스마는 긍정적 향상심과 강력한 에너지로 주위에 큰 영향을 미친다. 강력한 카리스마는 우리 인생에 행복과 성공을 가져다주고 인격에 무한의 매력을 더해준다.

긍정적인 카리스마, 부정적인 카리스마

카리스마는 무엇일까? 카리스마는 흡인력이다. 카리스마가 있다면 당신은 강한 마음을 가진 사람이다. 카리스마라는 강력한 주술은 당신의 꿈을 실현해줄 것이다. 카리스마는 행복과 성공의 수호자이자 당신을 성공으로 이끄는 목자이다.

미국의 유명한 심리학자이자 상담사 필 박사의 어렸을 적 일화다.

필은 10살도 되지 않았을 때 아버지와 함께 호화로운 파티에 참석했다. 참석자들은 아름다운 여배우와 말끔하게 차려입은 정계인사들 그리고 성공으로 코가 높아진 상인 등 정재계 유명 인사들이었다. 그때 한 여인이 등장하자 모든 사람이 매료된 듯 그녀를 쳐다보았다. 그녀는 이곳에 있는 누구보다 빛났다. 모든 이의 시선은 줄곧 그녀만 쫓고 있었다. 다들 그녀와 악수하거나 대화를 나누고 싶어 했고, 심지어 그녀와 눈이 마주치면 영광스럽게 생각했다.

필은 꽤 오랜 시간이 지난 후 그녀의 이름을 알게 되었다. 그녀는 바로 마릴린 먼로(Marilyn Monroe)였다. 그녀는 현장에 있던 모든 사람의 이목을 집중시켰고, 많은 사랑을 한몸에 받았다. 필은 이것을 '카리스마'라고 정의했다.

우리는 모두 마릴린 먼로처럼 매력적인 사람이 될 수 있다. 잠재력은 충분하다. '하찮은 내가 가능할까? 나는 못해!'라고 생각하는 사람은 시기와 자괴감으로 세월을 허비한다. 이런 사람들의 분위기는 우울하고 침울하다. 이런 사람의 인생은 불운이 끊이지 않고 행운은 그를 빗겨가 버린다. 원인은 무엇일까? 그에게는 열망이나 자신감, 믿음이 없기 때문이다. 자신을 변화시키거나 발전시킬 의지나 용기도 없다. 부정적인 카리스마의 영향이다. 충분한 의지를 갖추고 결심을 굳건히 지켜간다면 우리는 매력적인 카리스마를 가진 사람이 될 수 있다. 비호감을 호감으로, 단점을 장점으로 변화시켜 가까이하고 싶은 사람이 되자.

친화력 있는 카리스마를 키워라

사람마다 그 카리스마의 크기와 성질은 다르다. 사회의 핵심 인물들은 최상의 카리스마를 가지고 있다. 바로 친화력 있는 카리스마다. 반대로 남을 밀어내는 특성이 있는 카리스마를 최악으로 꼽을 수 있다. 이런 카리스마를 가진 사람들은 사회의 사각지대에 있는 무능력자들로 그들에게선 선한 기운은 찾을 수 없다. 친절한 사람은 보통 전자에 속하며, 불친절한 사람은 보통 후자에 속한다.

우리는 타인에게 영향을 주고, 당신의 의견을 타인이 쉽게 받아들였으면 하는 생각에 카리스마를 가지려고 한다. 심지어 내 생각대로 남이 움직여주었으면 좋겠다는 목적도 있다. 이렇게 남에게 영향을 주거나 굴복시킬 수 있는 카리스마는 반드시 그 힘이 강력해야 한다. 강력한 카리스마만이 타인에게 강한 압박감을 줄 수 있기 때문이다. 하지만 불쾌감이라는 부작용이 있기에 우리는 친화력이 강한 카리스마를 가질 필요가 있다. 강한 친화력은 불쾌감을 해소할 수 있다. 친화력 있는 강한 카리스마만이 타인이 흔쾌히 당신을 따르고 추종하게 만들 수 있다.

당신은 세상의 중심이며 삶의 주인공이다. 강한 친화력을 가진 사람으로 자신을 변화시켜 보자. 강력한 카리스마를 가진 당신이라면 꿈도 행복도 이룰 수 있다.

자신감이 강한 카리스마를 만든다

우리는 모두 인생의 조타수다. 그리고 자신감은 인생의 나침반이다. 성공과 실패, 행복과 불행의 갈림길에서 자신감의 역할은 크다. 자신감이 강한 사람이라면 카리스마 또한 매우 강력하다.

미국 호텔 체인의 전설인 윌슨(Kemmons Wilson)이 직접 겪은 일화이다.

'홀리데이인(Holiday inn)'의 대표 윌슨은 창업 초기에 큰 어려움을 겪었다. 당시 그의 유일한 자산은 할부도 채 끝나지 않은 50달러짜리 팝콘머신 1대였다. 제2차 세계대전이 끝난 후 그는 시장 예측을 토대로 원대한 목표를 세우고 토지사업을 시작했다. 경제가 혼란스러운 상황이었지만 그는 목표를 이룰 수 있다는 자신감에 차 있었다.

당시 토지 관련 사업을 하는 사람은 드물었다. 제2차 세계대전이 끝난 직후라 사람들은 매우 가난했고, 집을 수리하거나 상점이나 공장을 세우려는 사람은 몇몇에 불과했다. 친구들은 윌슨이 왜 토지사업을 하려는지 이해하지 못했다. 그들이 보기에 토지사업은 어리석은 투자였다. 하지만 윌슨의 생각은 확고했다. 지가가 저렴하니 자본 투자를 최소화할 수 있다고 여겼고, 그의 예측은 오차가 없다는 믿음이 있었다. 전쟁으로 유럽국가의 경기는 매우 좋지 않은 상황이었지만, 승전국인 미국은 전쟁의 피해가 작아 경기 회복이 매우 빨랐다. 윌슨의 예상대로 오래지 않아 토지를 사들이는 사람은 점점 늘어났고 토지 가격도 빠르게 상승했다. 그는 조용히 큰돈을 벌 수 있었다.

윌슨은 전 재산과 대출금을 투자해 교외에 있는 황무지를 사들였다. 토질이 나빠서 농지로 사용할 수 없는 황무지라 눈독을 들이는 사람은 드물었다. 그러나 윌슨의 생각은 달랐다. 시찰 결과 지가가 뛸 확률이 매우 높았다. 미국 경제는 빠르게 발전하고 있었다. 도시로 인구가 유입되면 도시의 확장이 불가피했고, 그는 이 지역이 미국의 황금지대가 될 것이라 확신했다.

3년 후 윌슨의 예상은 현실이 되었다. 도시인구 급증으로 도시가 빠르게 발전해 큰 도로가 윌슨이 구매한 광활한 황무지까지 이어졌다. 사람들은 그제야 이곳의 풍경이 멋지고 휴양지로 적합하다는 사실을 발견했다. 지가는 배로 뛰었고 많은 상인이 경쟁적으로 높은 금액을 제시하며 구매 의사를 밝혔다.

이때 윌슨은 눈앞의 이익에 현혹되지 않고 더 장기적인 계획을 세웠다. 자연 풍광이 아름다운 이곳을 팔기보다는 직접 개발하여 경영하자는 생각이었다. 가격이 높을 때 팔아서 큰 이익을 남기라고 조언하는 친구들이 많았다. 그때마다 윌슨은 이렇게 말했다.

"처음에는 나도 가격이 오르면 되팔 계획이었지만 더 큰 사업 기회를 발견했어."

친구들은 본전까지 잃을 수 있는 위험을 감수하지 말라고 만류했지만, 그는 또 한 번 자신의 판단과 예측을 믿었다. 이후 윌슨은 자신의 광활한 대지에 모텔을 건설했다. 이것이 그 유명한 '홀리데이인'이다. 지리적 환경이 좋고 시설이 편리해 개업 후 많은 고객이 이곳을 찾았고 사업은 날로 번창했다. 이후 윌슨은 자신감에 넘쳐 더 큰 계획을 내놓았다. 바로 세계적인 체인 호텔 설립이었다. 예상은 적중했다. 그의 사업은 날로 번창했고 '홀리데이인'은 전 세계 각국으로 퍼져 나갔다.

윌슨의 일화는 개인의 성공과 실패가 자신감과 밀접한 관련이 있음을 알려준다. 만약 자신 있게 자기 생각을 확고하게 추진한다면 평범한 능력의 사람이라도 좋은 성과를 얻을 수 있다.

자신의 장점을 믿어라

우리는 모두 자신에 대해 공정한 분석과 객관적 평가를 해야 한다. 자신과 자신의 장점을 알아야 최상의 결과를 얻을 수 있기 때문이다.

임종을 앞둔 소크라테스(Socrates)는 자신의 훌륭한 제자를 시험에 들게 해 일깨워주고 싶었다. 소크라테스는 제자를 침상 앞으로 불렀다.

"나는 가장 훌륭한 계승자를 찾고 싶다. 그는 지혜롭고 강한 신념이 있어야 하며 큰 용기와 비범한 능력도 지녀야 한다. 찾아줄 수 있겠니?"

제자는 진실한 마음을 담아 확신에 찬 어조로 말했다.

"물론입니다. 제가 온 힘을 다해 스승님의 가르침과 믿음을 저버리지 않을 계승자를 찾아보겠습니다."

제자는 모든 방법을 동원해 스승에게 가장 훌륭한 계승자를 찾아주려고 애썼다. 하지만 소크라테스는 그가 데려온 모든 사람을 돌려보냈다. 소크라테스의 병세는 깊어졌다. 그는 힘겹게 일어나 앉아 제자의 어깨를 쓰다듬으며 말했다.

"수고가 많구나. 그러나 네가 데려온 사람들은 너만 못하더구나."

제자는 살날이 얼마 남지 않은 스승을 위해 계속 계승자를 찾아다녔다. 얼마 후, 소크라테스의 임종이 임박해왔지만 결국 계승자는 찾지 못했다. 제자는 송구스러운 마음에 눈물이 멈추지 않았다. 그는 스승의 침상 옆에 서서 무거운 어조로 말했다.

"제가 능력이 모자라 실망만 안겨드렸습니다. 정말 어떻게 해야 할지 모르겠습니다. 스승님, 죄송합니다!"

"나는 나에게 실망했다. 너는 너 자신에게 미안해야겠구나."

소크라테스는 실망스러운 마음에 두 눈을 질끈 감았다. 그렇게 한참이 흘렀다. 소크라테스의 목소리에는 원망이 서려 있었다.

"사실 너야말로 내 마음속 가장 우수한 계승자였다. 네가 자신을 믿지 못하고 과소평가하여 일을 그르친 것이다. 그 긴 시간 동안 인재를 찾아다녔지만, 그들은 너보다 뛰어나지 못했다. 가장 우수한 사람은 너였지만 넌 자신을 잃어버렸다. 자신을 알려 하지 않았고 잠재력을 끌어내는 방법도 알려 하지 않았다……."

한 시대를 풍미했던 철학자는 자신의 말을 끝내 마치지 못했고 제자는 남은 생을 후회와 자책 속에서 보냈다.

소크라테스의 명언을 기억해야 한다. '가장 훌륭한 사람은 너 자신이다.' 당신은 타인에게 존경받을 만큼 훌륭한 사람이다. 절대로 자신의 능력을 과소평가해서는 안 된다. 타인의 능력도 믿어야 하지만, 자신의 재능도 믿어야 한다. 만약 당신이 평범한 자신을 넘어 최고의 나를 만들고 싶다면 열등감과 자기비하에서 벗어나야 한다.

자신 vs 자만

자만하는 사람은 자신만이 옳아서 타인이 변해야 한다고 생각한다. 이것이 자신과 자만의 가장 큰 차이점이다.

어느 날 항공모함 한 척이 항해 중이었다. 짙은 안개로 시야가 좁아져 위험한 상황이었다. 항공모함의 선장은 즉시 함정 위에 올라 만일의 사태에 대비했다.

항해 도중 멀리서 약한 불빛이 보였다. 선장은 경계태세를 강화하고 탐조등 담당 통신병에게 모스 기호를 이용한 메시지 전달을 지시했다. "여기는 ×××호, 안전을 위해 동쪽으로 15도 틀어 항해해주십시오." 몇 분 뒤 통신병이 회신을 가져왔다. "×××호, 서쪽으로 15도 틀어 피하십시오."

선장은 상대 선박에서 보내온 메시지를 보자 심기가 불편해졌다. 미 해군의 항공모함은 세계 제일이었다. 다른 선박에 길을 양보하는 것은 있을 수 없는 일이었다. 그는 통신병에게 다른 메시지를 보내라고 명령했다. "이 배는 항공모함이며 나는 항공모함의 선장이다. 충돌하지 않도록 즉시 동쪽으로 15도 틀어 항해하라." 조금 후 회신이 왔다. "나는 2등병이며, 여기는 등대입니다. 즉시 서쪽으로 15도 틀어 항해하십시오." 상대는 선박이 아닌 등대였다. 등대가 어떻게 선박에 길을 양보할 수 있겠는가?

자만한 바람에 항공모함의 선장은 그만 우스운 꼴이 되어버렸다. 자만하는 사람은 자신도 즐거울 수 없고 남도 불편하게 만든다. 자신감 있는 사람은 자신의 강점과 장점을 알며 자신이 가치 있는 사람이라고 인식한다. 하지만 자만하는 사람은 맹목적으로 자신을 과대평가한다.

좋은 습관이
좋은 카리스마를
만든다

누구에게나 습관은 있다. 좋은 습관은 긍정적 에너지로 작용하여 성공으로 이끄는 조력자 역할을 톡톡히 한다. 하지만 나쁜 습관은 목표를 실현하는 데 장애가 되곤 한다.

습관이 성패를 좌우한다

동서고금을 막론하고 성공한 사람들은 모두 좋은 습관이 있었다. 루쉰(魯迅)이 문학계의 거장이자 권위자로 성공할 수 있었던 이유는 어린 시절부터 좋은 습관을 길렀기 때문이다. 루쉰이 어렸을 적에 그의 아버지는 오랜 병환을 앓고 있었다. 하루는 어린 루쉰이 전당포에서 돈을 빌리느라 학교에 늦었다. 사정을 모르는 선생님은 다음과 같이 꾸짖었다.

"10살이나 됐는데 늦잠 자서 지각하면 되겠어? 다음번에도 늦으면 수업에 오지 않아도 돼."

루쉰은 아무 변명도 하지 않고 자리로 가서 책상 위에 '일찍'이라는 글자를 새겼다. 그 후 루쉰은 항상 일찍 일어나 학교에 도착했고, 매일 책상 위에 새긴 '일찍'이라는 글자를 보면서 생각했다.

'나는 또 어려움을 극복하고 자신과의 약속을 지켜냈다.'

루쉰은 좋은 습관 덕분에 세인의 주목을 받는 성공을 이룰 수 있었다.

기회가 있어야 성공할 수 있다고 생각한다면 당신은 영원히 성공할 수 없다. '기회는 준비된 자에게 온다.'는 말이 있다. 여기서 준비란 성공의 토대가 되는 좋은 습관을 말한다.

대형 국영기업에서 명문대를 졸업한 대학원생 몇 명을 인턴으로 뽑아 일정 기간 수습을 거친 후 정직원으로 채용하기로 했다. 누가 채용될지 는 인턴 기간의 업무 성적에 달려 있었다. 하지만 그들의 업무 능력은 모두 우수해 우열을 가릴 수 없을 정도였다. 인사부 팀장은 고민에 빠졌다.

하루는 점심시간에 인턴 몇 명이 구내식당에서 식사 중이었다. 식사를 마친 인턴들은 식판을 자리에 두고 나갔지만 그중 샤오장만 식판에 있던 잔반을 처리한 후 식판을 반납했다. 인사부 팀장은 샤오장의 행동을 눈여겨보았다.

며칠 후, 인사부 팀장은 샤오장을 채용하기로 했다. 인사부의 다른 동료 는 왜 샤오장을 채용했는지 이해할 수 없었다. 샤오장의 이력이나 업무 처리능력은 다른 인턴들보다 뛰어나지 않았기 때문이다. 인사부 팀장 은 미소를 지으며 말했다.

"답은 간단합니다. 그가 저에게 아주 깊은 인상을 남겼기 때문입니다. 자신을 엄격하게 관리하고, 책임감과 좋은 습관이 있는 직원은 회사 발 전에 크게 이바지할 수 있다고 생각합니다."

프랜시스 베이컨(Francis Bacon)은 말했다. "습관은 매우 강력한 힘이다. 습관은 인생을 망칠 수도 있고 인생을 성공으로 이끌 수 있다. 좋은 습관을 지니고 있다면 그 좋은 습관을 의식적으로 유지해야 인생을 성공적으로 살 수 있다."

좋은 습관을 길러라

습관은 무의식중에 형성된다. 행동, 생각 그리고 태도가 머릿속 어딘가에서 천천히 축적되는 과정을 거치면 습관이 만들어진다. 습관은 기르기도 쉽지 않지만 일단 만들어지면 매우 강한 관성이 생겨서 고치기도 힘들다.

습관은 잠재의식 속에서 인간의 행동을 이끌며 어떤 일을 어떻게 해야 하는지 지도한다. 습관의 영향을 받으면 옳지 못한 일을 해도 당연하다고 느낄 수 있다. 습관의 특징인 관성은 돌발사태가 발생했을 때 더 명확하게 드러난다.

사람들의 차이는 대부분 습관의 차이로 귀결된다. 위스웨이(중국 유명 교육자이자 경영훈련 전문가)는 다음과 같이 말했다. "좋은 습관의 유무가 성공한 사람과 성공하지 못한 사람의 가장 큰 차이점이다. 어린 시절부터 좋은 습관을 기른 사람은 성공하지만, 평생 좋은 습관을 기르지 못한 사람은 지식이 아무리 많더라도 성공하기 어렵다. 일상생활에서 좋은 습관 만들기에 주의를 기울인다면 성공할 수 있는 에너지가 쌓일 것이다."

일본의 유명 기업 파나소닉(Panasonic)은 전국에 분점을 두고 있고 점장만 해도 2만여 명에 달한다. 파나소닉의 점장에게는 간단하지만, 꼭 지켜야 하는 수칙이 있다. 매일 아침 기상 후에 인사법을 연습하는 것이다. 파나소닉은 직원들의 단정한 행동을 중시한다. 기본적인 행동 규범이 몸에 배어야 새로운 생각이 만들어진다고 여기기 때문이다. 좋은 습관이 형성되면 같은 상황에서도 다른 결과가 만들어진다.

파나소닉의 사례에서도 볼 수 있듯이 좋은 습관은 개인뿐 아니라 집단에도 지극히 중요한 요소로 작용한다. 좋은 습관은 행동을 유도해 집단의 모든 구성원이 함께 정상 궤도에 오를 수 있게 해준다. 베이컨은 이렇게 말했다.

"습관은 인생을 지배하기 때문에 좋은 습관을 기르기 위해 부단히 노력해야 한다."

좋은 습관은 개인의 성공에도 영향을 미치지만, 기업의 찬란한 성공 뒤에도 좋은 습관이 있다.

섬세한 카리스마로 승부하라

노자(老子)가 말했다. "어려운 일은 쉽게 풀어야 하고, 큰일은 세심하게 풀어야 한다." 심오한 이치를 꿰뚫는 말이다. 일에서 성공하고 싶다면 작은 부분부터 세심하게 처리하고, 간단한 일부터 시작해야 성공 가도를 달릴 수 있다.

좋은 스펙으로 면접기회를 얻은 사회 초년생이 점심식사 중에 식당직원에게 한 무례한 태도 때문에 채용 기회를 날릴 수 있다. 영업사원이 고객과 식사하는 자리에서 대화를 시도했지만, 고객의 기호를 고려하지 않아 즐거운 식사를 못했다면 업무는 순조롭지 못하다.

이러한 예는 셀 수 없이 많다. 사소한 부분이 때론 '큰 힘'을 발휘한다. 사소한 부분을 놓쳐 이미지와 카리스마에 타격을 받는 실수는 없어야 한다.

세심한 카리스마가 승패를 결정짓는다

세심함은 품격에 영향을 미치며, 품위에서 드러난다. 세심함으로 격차가 벌어지고 승패가 결정 난다. 정교함을 추구하는 세태 속에서 세심함은 당신의 전문성을 반영하고, 내적 소양을 나타낸다. 세심한 카리스마를 키워보자.

영국의 대기업과 거래하는 일본 무역회사가 있었다. 영국 대기업의 주일지사 지사장은 도쿄와 고베를 자주 왕래해야 했는데, 매번 열차 좌석이 고베에 갈 때는 우측 창가였고 도쿄로 올 때는 좌측 창가였다. 지사장은 매번 좌석이 이렇게 배치되는 이유가 궁금해 일본 회사의 담당 직원에게 이유를 물었다.

"고베에 갈 때는 후지산이 우측에 있고, 도쿄로 돌아올 때는 후지산이 좌측에 있습니다. 외국인은 후지산의 아름다운 절경을 좋아해서 제가 지사장님을 위해 항상 이렇게 좌석을 구매했습니다."

영국인 지사장은 크게 감동했다. 그는 바로 일본 회사와의 무역액을 50만 파운드에서 200만 파운드로 늘렸다.

이것이 바로 세심한 카리스마의 매력이다. 일이나 생활에서 세심함에 주의를 기울이면 카리스마를 향상할 수 있고 성공의 기회도 함께할 것이다.

책임감으로 카리스마를 무장하자

미국의 작가 마크 샌번(Mark Sanborn)의 유명한 책 〈우체부 프레드(The Fred Factor)〉에서 주인공 프레드는 평범한 우체부다. 그러나 그는 평범함을 위대함으로 탈바꿈시켰고, 그의 일화는 미국인의 생각을 바꾸어놓았다.

우체부 프레드는 파란 유니폼과 가방이 전부였다. 가방에 편지를 가득 채워 골목을 누빌 때도 그는 여러 가지 상상을 하며 고객을 생각한 가치 있는 소원을 빌었다. 그는 공을 들여 천천히 모든 고객을 알아갔다. 고객의 취미와 취향을 파악하고, 이 정보를 바탕으로 고객에게 세심한 서비스를 제공했다. 그가 큰일을 한 것은 아니었다. 다만 다른 우체부보다 고객에게 세심한 관심을 기울였을 뿐이다. 사회 각계에서 그의 이런 마인드를 배우고 발전시키자는 움직임이 일어났고, 그 후 많은 미국 회사는 사내에 '프레드 상'을 만들어 마음을 다하고 책임 있는 자세를 가진 직원에게 이 상을 수여했다.

일의 종류나 업무의 특성이 어떻든 인내심을 가지고 자신의 본분을 다해야 한다. 이렇게 할 수 있는 사람만이 자신의 분야에서 좋은 성과를 거두고 타인의 인정을 받을 수 있다.

평범함 속에 위대함을 숨겨라

한 현자가 말했다. "작은 일도 못하는 사람이 큰일을 해낼 수 있다고 믿기는 어렵다. 큰일을 해냈을 때의 성취감과 자신감은 작은 일에서 느끼는 성취감이 축적된 것이다. 하지만 우리 대부분은 평소 작은 일을 본체만체하며 소홀히 다루고 있어 안타깝다."

경영학 석사를 마치고 은행에 취업한 사람이 있었다. 인사부는 그를 영업부서로 배정해 저축업무를 맡게 했다. 일주일 후 그는 은행장을 찾아가 말했다.

"이런 간단한 잡무를 하려고 은행에 온 것이 아닙니다. 저는 더 중요한 업무를 맡고 싶습니다."

은행장은 그를 외환관리부로 이동시켜주었다. 하지만 책임자와 동료는 그의 업무 능력을 못마땅해했다. 그는 자신처럼 일을 잘하는 직원을 활용하지 못하는 회사가 나쁘다고 생각했다. 상사는 기회를 주지 않고, 동료는 자신을 질투한다고 불만을 늘어놓았다. 작은 일은 맡기 싫어하고 큰일은 맡을 능력도 없이 학력만 좋은 이런 사람을 '빛 좋은 개살구'라 한다.

경영을 전공한 고학력자가 눈만 높고 업무 능력은 떨어지는 사례이다. 그는 '큰일'을 탐내고, '작은 일'은 꺼렸다. 그러나 자신의 능력을 정확하게 파악하지 못해 큰일도 작은 일도 제대로 하지 못하는 직원이 되어버렸다. 우리 주변을 둘러보면 이런 예는 셀 수 없이 많이 찾아볼 수 있다. 어떤 작은 일이라도 완벽하게 마무리 짓는다면 새로운 기회가 찾아온다는 이치를 모르기 때문이다. 이런 경험이 쌓여야 큰일을 도모할 수 있는 능력도 갖출 수 있다.

작은 일을 마치지 않는 마음이 있으면 큰일을 할 힘과 카리스마를 가질 수 있다. 인생에서 진정한 위대함과 숭고함은 평범함에 있다. 가장 평범한 것이 가장 위대하고 숭고하다. 평이함에서 특별함이 드러나고 평범함에서 위대함이 탄생한다. 사소함을 귀하게 여겨야 하는 이유가 여기에 있다.

기회를 잡아내는 무기, 카리스마

기회는 일 처리 과정에서 항시 존재하지만, 누구나 잡을 수는 없다. 기회는 아차 하는 순간 사라져버리기 때문에 먼저 기선을 잡는 사람이 유리하다. 자신만의 카리스마를 갖추고 모험을 두려워하지 않는 정신으로 무장하고 있어야 기회를 잡을 수 있다.

먼저 깨닫고, 먼저 움직여라

'일찍 일어나는 새가 먹이를 잡는다.'는 속담이 있다. 남보다 한발 앞서는 사람은 기회를 잡을 준비가 되어 있다. 아는 사람은 기회를 잡지만 모르는 사람은 앞서 간 사람을 쫓기 급급해 기회를 잡기 어렵다. 큰 성공을 원한다면 남들보다 먼저 알아야 한다. 누구나 알고 있는 일을 뒤늦게 배우기보다는 아직 남이 보지 못한 것을 보는 능력을 길러야 불패의 위치에 설 수 있다.

전략에 능한 장사꾼이 있었다. 그는 이리저리 계산해보고는 마늘 두 자루를 지고 산 넘고 물 건너 먼 지역까지 갔다. 그곳 사람들은 마늘이 뭔지 몰랐다. 장사꾼의 소개로 처음 마늘을 맛본 사람들은 그 맛이 독특하다 칭찬했고 마늘의 가치는 높아졌다. 마을 사람들은 맛있는 마늘을 소개해준 장사꾼에게 고마운 마음으로 금 두 자루를 선물했다. 이 장사꾼의 이야기가 소문이 나자 다른 장사꾼은 생각했다.

'그곳 사람들은 매운맛을 좋아하는 것 같으니 나는 파를 가져가 보자. 대파 맛은 마늘보다 좋으니 가면 큰 환영을 받을 거야. 금 네 자루를 줄지도 몰라.'

두 번째 장사꾼은 대파를 가지고 산 넘고 물 건너 그곳에 도착했다. 대파도 큰 인기를 끌었고 심지어 마늘보다 더 큰 사랑을 받았다. 장사꾼은 이전 장사꾼보다 더 융숭한 대접을 받았다. 그는 이제 자신이 금을 얼마큼 받을 수 있을지 계산해보았다. 마을 사람들은 그들이 가장 좋아하는 귀한 물건을 주겠다고 말했다. 장사꾼은 산더미처럼 쌓인 금을 상상했을지도 모른다. 하지만 예상 밖의 일이 벌어졌다. 수차례의 회의 끝에 금으로는 감사의 마음을 전할 수 없다고 생각한 마을 사람들은 처음 온 장사꾼의 마늘 두 자루를 그에게 선물하기로 했다.

우스운 이야기지만 우리는 여기서 한 가지 이치를 발견할 수 있다. 먼저 온 사람은 금을 얻었지만, 따라간 사람은 마늘만 얻었다. 두 번째 사람은 아무리 잘해도 전 사람의 그림자를 지울 수 없다. 첫 번째 사람만이 생각한 바를 실행에 옮기는 카리스마를 가지고 있었기 때문이다. 머릿속으로만 생각하다가 기회를 다른 사람에게 넘겨주는 경우가 허다하다. 그런 실수를 반복하지 않으려면 자신을 믿고 빠르게 움직이는 힘으로 무장하고 있어야 한다. 기회를 먼저 잡는 사람이 성공한다는 명제를 다시 새겨야 하는 이유다.

따라 하기 힘든 경쟁우위를 추구하라

만약 당신이 '먼저'를 위해 열심히 노력하면 성공확률은 높아진다. 특히 지금처럼 빠르게 발전하는 사회에서는 반 박자만 느려도 뒤처진다. '먼저' 하기 위해서는 전략이 필요하다. 조건이 같은 상황에서 당신이 앞서간다면 상대는 뒤따라갈 것이고, 당신이 기다린다면 상대는 쫓아올 것이다. 마지막에는 당신이 놓은 것을 다른 이가 취하게 된다. 당신은 상대를 자극할 수 있는 위치지만 상대는 당신에게 자극을 줄 수 없다. 주도권은 당신에게 있는 것이다. 정보화 시대는 피동적 방어보다는 주동적 공세를 추구한다. 이런 선견지명이 있는 사람은 새로운 영역을 선점할 수 있다.

벨(Alexander Graham Bell)이 전화를 연구 중일 때, 발명을 좋아하던 엘리샤 그레이(Elisha Gray)도 같은 연구를 진행하고 있었다. 1876년 2월 4일, 벨은 전화 발명에 성공하자 바로 특허를 신청했다. 소리를 전송할 수 있는 이 기계의 이름은 '음변전보'였다. 벨이 특허신청을 마치고 두 시간 후 그레이도 자신이 발명한 전화를 특허 신청하기 위해 특허청을 찾았다. 하지만 그는 벨보다 2시간이 늦어 특허신청을 할 수 없었다.

두 명의 과학자가 거의 동시에 발명에 성공했지만, 승자는 한 명뿐이었다. 2시간 차이로 벨은 전 세계가 칭송하는 과학자가 되었고 거대한 부를 축적할 수 있었다. 그들에게는 2시간이라는 차이밖에 없었지만, 이는 단지 2시간의 문제가 아니었다. '먼저 시작한 사람이 기선을 잡는다.'는 불변의 진리가 여기에 있는 것이다.

먼저 한다는 것이 맹목적으로 어떤 일을 시작한다는 의미는 아니다. 분명한 목적과 필요가 있어야 한다. 경쟁 상대가 얻기 힘들거나 따라 하기 힘든 경쟁우위를 추구해야 한다는 뜻이다. 이런 경쟁우위를 점해야 성공이 가까워진다.

단숨에 카리스마의 왕이 되는 36가지 비결

지금처럼 경쟁이 치열한 사회에서는 강한 카리스마가 있어야 타인의 이목을 집중시킬 수 있다. 하지만 날 때부터 강한 카리스마를 가진 사람은 없다. 따라서 심리 훈련을 통해 후천적으로 카리스마를 배양하는 것이 중요하다. 어떤 방법으로 긍정적 카리스마를 키우고 이끌지는 긴 수업이자 학문이라 할 수 있다. 이를 위해 미국의 저명한 심리전문가 닥터 필은 카리스마를 끌어올리는 36가지 비결을 내놓았는데 참고해볼 만하다.

1 | 미소를 잃지 말자. 못생겼다고 낙담할 필요 없다. 재능이 외모를 이긴다. 재능이 없더라도 밝은 미소만 있다면 친화력을 갖춘 것이다.

2 | 분위기 있는 사람이 되자. 유행에 민감하지 않다면 단아한 분위기를 갖는 데 주력하자. 수수함이 가장 멋진 화장품이 될 수 있다.

3 | 진심이 전달되게 하자. 조금 오래 손을 잡고 있는 악수 방법은 친화력을 키우는 비결이다.

4 | 자신만 옳다고 주장하거나 자기중심적인 행동은 삼가자. 항상 내가 주인공일 수는 없다.

5 | 항상 친구와 교류하자. 하지만 친구에게 돈 얘기를 꺼내는 것은 환영받지 못한다.

6 | 사생활을 너무 드러내지 말자. 집으로 초대한 손님에게 사진 보기를 강요하는 건 실례다. 그들은 당신의 사생활이 궁금하지 않다.

7 | 여러 사람과 동행할 때는 주요 자리를 선점하라. 카리스마를 높일 수 있다.

8 | 뒤에서 남을 칭찬하자. 칭찬도 험담처럼 빠른 속도로 전달된다. 당신의 선행이 잊힐까 걱정할 필요는 없다.

9 | 당신 앞에서 제삼자의 험담이 오가면 대꾸 없는 미소로 일관하라. 무탈하게 지낼 수 있는 처세법이다.

10 | 오해가 살 만한 행동은 삼가자. 운전 중에 군이 차를 세워 걸고 있

거나 자전거를 타고 있는 동료에게 인사하지는 말자. 차를 자랑하려고 세웠냐는 오해를 살 수 있다.

11 | 동료가 아프면 직접 병문안을 가서 따뜻한 마음을 전하자.

12 | 과거를 재산으로 생각하자. 단 주위 사람들이 내 과거를 알 필요는 없다. 당신만의 비밀로 남겨두자.

13 | 당신을 싫어하는 사람에게도 존경한다 말하자. 그들이 당신을 좋아할 때까지.

14 | 일은 미워해도 사람은 미워하지 말자. 일할 때는 냉정하되 사람을 대할 때는 다정하자. 사람이 우선이고 일은 차선이다. 목표는 일이 되어야지 사람이 되어서는 안 된다.

15 | 자기반성하라. 자기반성은 신뢰와 존경을 얻지만, 자신을 칭찬하는 행동은 정반대의 효과를 가져다준다. 자신을 낮출 줄 아는 사람이 찬양의 대상이 된다.

16 | 칭찬에 인색하지 말자. 따뜻한 카리스마를 키울 수 있다. 박수와 칭찬을 달고 살자.

17 | 감사함을 아는 사람이 되자. 도움의 손길을 당연하다 생각하지 말자. 감사함을 모르는 사람과 가까이하고 싶은 사람은 없다.

18 | 경청을 배워라. 들을 줄 모르고 자기 말만 하는 사람에게는 호감이 생기지 않는다. 이런 삶은 말년이 외롭다.

19 | 주위의 모든 사람을 존경하고 존대하자. 길 위의 거지도 존경의 대상이 될 수 있다.

20 | '우리'를 주어로 삼아 말하자. 상대와 심리적 거리를 좁힐 수 있다.

21 | 즐겁게 노는 자리라면 무대에서 노래하는 모두에게 아낌없는 박수를 보내라.

22 | 절묘한 질문과 적절한 침묵을 배우자.

23 | 말이 많으면 실수한다. 사람이 많은 곳이면 말을 아껴라.

24 | 거절은 정중해야 한다. '안 돼'보다는 '최대한', '확실하진 않지만', '시간이 필요합니다', '결정한 후 다시 연락드려도 될까요?' 등으로 바꿔 말해보자.

25 | 모든 사람이 당신을 좋아할 수는 없다는 것을 인정하자. 대부분이 당신을 좋아한다면 당신은 이미 행운아다.

26 | 자존감은 필요하지만, 나르시시즘은 멀리하자. 자신감은 가지되 거드름은 피우지 말자.

27 | 발표나 강연에서 청중이 한 사람일지라도 마음을 다해 이야기하자. 박수 치는 사람이 없어도 마음을 다해 마쳐야 한다. 이는 청중의 성공이 아닌 당신의 성공을 위해 겪어야 할 과정이다.

28 | 질문을 받으면 반드시 대답하자. 질문의 수준이 낮아도 당신의 진심 어린 대답은 질문한 사람에게 큰 힘이 될 수 있다. 이런 행동은 좋은 이미지로 이어져 당신의 지지자를 만든다.

29 | 단점과 약점을 말해주는 이를 싫어하지 말자. 자기반성과 발전의 기회를 즐겁게 받아들이자.

30 | 생각 없이 남에게 충고하지 말자. 특히 가정사라면 발언을 삼가자. 상대가 괴로워한다면 충고하지 말고 위로를 건네자.

31 | 염치 있는 사람이 되자. 수치를 아는 사람은 존중받지만, 수치를

모르는 사람은 동정을 받는다.

32 | 남의 잘못을 지적하지 말자. 남의 허물을 꼭 짚고 넘어가야 하는
사람들이 대다수지만, 못 본 척 넘어가는 미덕을 잊지 말자. 남의
실수에 일일이 화를 내다보면 주위에 사람이 줄어든다.

33 | 시시콜콜 따지지 말자. 대범한 사람이 인복이 있다.

34 | 장점은 숨기고, 단점은 알려라.

35 | 하루 한 번 자신을 성찰하자. 향상심이 강해진다.

36 | 오늘의 실패를 피하지 말자. 자신의 실패에 용감하게 맞설 수 있는
사람이 되어야 한다.

눈앞에 성공의 기회가 보이지 않는다 하더라도 낙심할 필요는 없다.
신은 모든 이에게 공평하다. 용감하게 앞으로 나아간다면 성공은 멀지
않다.

이렇게 카리스마는 훈련과 수양을 통해 배양하고 강화할 수 있다. 카리
스마와 나이는 반비례 관계가 아니다. 나이가 많아지고 경험이 풍부해지
면서 그 에너지는 끊임없이 축적된다. 카리스마를 통해 존경할 만한 사
람, 가까이하고 싶은 사람, 매혹적인 사람이 되어 당신을 완성하자.

8장

성공을
부르는
인맥 사용법

인맥은 돈보다 귀한 무형의 자산이다. 인간관계는 은행과 고객의 신용관계와 닮아 있다. 우리가 예금주를 가지고 있는 은행일 수도 있고, 동시에 다른 은행의 예금주가 되기도 한다. 여기에 정(情)을 저축해보자. 성공과 행복이 가까워진다.

'호가호위'가
가능해야 큰일을
도모한다

우리는 '호가호위(狐假虎威)'라는 고사를 안다. 힘이 약하고 몸집도 작은 여우는 호랑이를 설득해 친구로 만들었다. 모든 동물이 두려워하는 호랑이와 친구가 되자 여우도 호랑이 같은 존재가 되었고 누구도 함부로 대하지 못했다. 이 고사에서 우리는 여우가 남의 힘을 빌려 적을 물리치는 데 능하다는 점을 쉽사리 알아챌 수 있다.

178

타인의 지지와 외부의 도움은 반드시 필요하다

많은 사람이 성공한 사람과 친분을 쌓고 싶어 한다. 타인의 위세를 빌려 자신에게 유리한 조건을 만들면 이득을 취할 수 있기 때문이다. 당신의 힘이 약하다면 타인의 힘을 빌려 자신을 더 강하게 만들 수 있고, 적은 노력으로도 일과 인생에서 큰 성과를 거둘 수 있다.

타인의 역량을 잘 이용하는 사람은 인생이 비교적 순탄하지만, 그렇지 못한 사람은 장애물에 자주 부딪힌다. 타인의 역량을 이용하는 법을 알면 더 큰 성공을 거둘 수 있다.

송나라 초기에 조한(曹翰)이라는 장군이 불행히도 루저우(汝州)로 귀양을 가게 되었다. 그는 눈물을 머금고 중앙에서 파견된 사자(使者)에게 말했다.

"식구는 많고 먹을 것은 부족해 살기가 힘드니 이 옷 보따리를 담보로 1만 문만 빌려주십시오." 사자는 돌아와 송 태종에게 이 일을 전했다. 송 태종이 그 보따리를 열어보니 그림 한 폭이 있었다. 조한이 선봉 도지휘사에 있을 때 태종의 교지를 받아 당나라 남쪽의 강남국을 멸망시키는 전경을 담은 〈하강남도〉였다. 이 그림을 본 태종은 조한이 세운 공이 떠올라 마음이 괴로웠다. 조한에게 연민의 마음이 생긴 태종은 그를 다시 수도로 불러들이게 되었다.

이처럼 역사에는 조한처럼 타인의 힘을 빌려 원하는 바를 이룬 사람들이 많다. '나무 한 그루로는 숲을 이룰 수 없다.'는 말이 있다. 대업을 이룬 사람들은 모두 능숙하게 타인의 힘을 이용할 줄 알았다. 개인이 아무리 뛰어나도 타인의 지지나 외부의 도움이 없다면 성공하기 어렵다.

여우는 교활한 동물을 상징하지만, 타인의 힘을 이용할 줄 아는 지혜가 있음은 확실하다. 일과 생활에서 '호가호위'의 전략을 적절히 운용하자. 필요하다면 선의의 거짓말도 좋다. 권력 있는 사람의 힘과 이름을 빌려 타인을 견제한다면 일의 성사도 빨라진다.

자신의 역량으로 타인의 역량을 쓰는 지혜

업무에서 괄목할 만한 성과를 얻고자 한다면 타인의 힘을 빌려 실력을 발휘하는 법을 배워야 한다. 타인의 권세를 자신을 위해 쓸 수 있어야 더 큰 힘을 차용할 수 있다. 누군가에게 도움을 요청할 일이 생긴다면, 이런 전략은 목적을 달성하기에 더욱 유효하다.

유대인 앨더슨은 일본에서 오랫동안 사업을 해왔다. 그는 일본 동부에 있는 작은 섬 가고시마에 반해 투자하여 휴양지를 만들었다. 하지만 휴양지가 나무가 없는 산비탈에 있어 여행객들이 많이 아쉬워했다. 그는 이곳에 하루라도 빨리 나무를 심으려고 했지만, 자본도 부족했고 나무 심는 사람을 고용하기도 어려워 계획이 차일피일 미뤄지고 있었다.

이때 앨더슨에게 묘책이 떠올랐다. 타인의 힘을 빌려 나무를 세우자는 생각이었다. 그는 재빨리 휴양지 입구와 가고시마 주요 도로 옆으로 광고를 내걸었다.

'사랑하는 여행객 여러분, 가고시마에서 추억을 남기고 싶으신가요? 가

고시마에 '여행기념나무'와 '결혼기념나무'를 심어보세요!'

도시 생활에 지친 사람들에게 기념될 만한 나무를 직접 심는다는 것은 굉장히 의미 있는 일이었다. 가고시마 휴양지로 오는 여행객들이 갑자기 늘어났다. 앨더슨은 여행객을 위해 모종과 도구 및 자신의 이름을 새길 수 있는 명판도 준비했다. 모종 한 그루 당 300엔의 수익이 따로 발생했다. 1년 후 숙박비용을 제외하고도 모종 수익 1,000만 엔을 추가로 벌 수 있었다. 몇 년 후 묘목이 자라나자 황량했던 산비탈은 울창해졌다. 앨더슨은 남의 힘을 빌려 산비탈을 푸르게 만드는 난제를 해결했을 뿐만 아니라 큰 경제적 이익을 얻었다. 일거양득의 묘책이었다.

일 처리를 남보다 잘하고 싶지만, 자신의 역량만으로는 부족할 때가 있다. 사업에서 성공하고 싶다면 본인의 노력도 중요하지만, 적절히 타인의 역량을 빌릴 줄 알아야 한다. 이것이 가능해야 승진과 목표에 빠르게 다가갈 수 있다.

평범한 사람들 속에서 귀인을 찾아라

우리는 삶에서 만나는 선택을 '갈림길'에 비유하곤 한다. 결국, 개인의 선택이 미래를 결정하기만 미숙한 경력이나 경험, 능력 등을 이유로 올바른 선택을 하기가 쉽지 않다. 이럴 때, 경험이 풍부하고 능력이 출중한 사람이 나타나 당신을 위해 계획을 세운다면 당신의 인생은 크게 달라질 수 있다. 이것이 바로 귀인의 도움이다. 우연히 알게 된 귀인은 곤경에 빠진 당신을 구해주기도 하고, 심지어 당신의 성공을 도와주기도 한다. 인생에서 귀인을 만났다면 절대 놓쳐선 안 된다. 만약 귀인을 만나지 못했다면 귀인을 만나는 방법이라도 알아야 인생 대로를 잘 닦을 수 있다.

당신의 노력보다 귀인을 찾는 것이 더 중요할 때가 있다. 귀인의 성공 경험을 역할 모델로 삼으면 단시간 내에 큰 성과를 낼 수 있고, 나아가 시간을 크게 절약할 수 있어 성공이 빠르게 가까워진다. 귀인은 중요한 순간이나 어려운 순간에 나타나 당신에게 손을 내미는 성공의 조력자이다.

여기서 주의해야 할 점이 있다. '귀인'은 단순히 유명인이나 세력가를 의미하지 않는다. 자신보다 지위가 높아 승진을 도울 수 있거나 자신보다 능력이 뛰어나 충고를 해줄 수 있는 사람, 경험이 풍부해 적절한 조언을 해줄 수 있는 사람도 다 귀인이다. 따라서 얕은 인간관계를 지양하고 주의 깊게 관찰하면서 주변 사람들의 좋은 점을 배우고자 한다면 쉽게 귀인을 찾을 수 있다.

부모나 친척, 연장자나 상사, 친구와 고객 등 거의 모든 사람이 당신 인생의 귀인이 될 수 있다. 이들 모두가 당신에게 금전적인 지원을 할 수는 없지만 그들의 생각은 당신을 일깨울 수 있다. 그들은 위기나 곤경에 처한 당신에게 길이나 출구를 알려줄 수 있고, 당신이 빠르게 곤경에서 벗어나도록 돕는다.

빌 게이츠(Bill Gates)가 스무 살이 되던 해 자신의 첫 번째 계약서에 서

명했다. 계약자는 세계 최고의 컴퓨터회사 IBM이었다. 이 계약 체결로 빌 게이츠는 세계 최대의 컴퓨터회사와 협력을 진행하게 되었다. 당시 빌 게이츠는 대학에서 공부하는 학생이라 인맥이 넓지 못했다. 그런데 어떻게 이렇게 큰 회사와 계약하게 된 것일까? 사실 빌 게이츠가 IBM과 계약 체결이 가능했던 이유는 IBM 이사였던 그의 어머니 역할이 컸다. 소프트 웨어 연구 개발을 마친 빌 게이츠는 협력사를 찾아 자신의 소프트웨어를 판매하려고 했다. 그때 어머니는 아들에게 자신의 이사장을 소개했다.

빌 게이츠의 귀인은 그의 어머니였다. 어머니의 도움이 있었기에 빌 게이츠는 'IBM 대표'라는 귀인을 만날 수 있었다. 이 두 사람이 빌 게이츠의 위대한 성공을 이끌어낸 것이다.

사실 인맥은 우리가 모르는 사이에 끊임없이 합쳐지고 혼합된다. 언제든 당신의 귀인이 어깨를 스치고 지나갈 수 있다. 끊임없이 변하는 사회 속에서 우리는 부지런히 귀인을 찾아 그 힘을 유용하게 사용할 수 있어야 한다.

그렇다면 나의 귀인은 어디에 있을까? 그 많은 사람 중에서 어떤 특징을 살펴 귀인을 가려낼 수 있을까? 한 가지 기억해야 할 사실은 지위가 높은 사람 속에서만 찾을 것이 아니라 주변의 보통사람들을 눈여겨봐야 한다는 것이다. 평범한 사람들 속에서 귀인을 만날 확률이 더 높다. 당신이 만나게 될 대다수 귀인은 고군분투하면서 인생 역전을 실현한 평범한 사람들임을 잊지 말자.

'협력'이
곧 능력이다

'구두장이 셋이면 제갈량을 당한다.'는 말이 있다. 타인의 역량을 이용하는 좋은 방법의 하나는 협력이다. 이때 가장 중요한 선결 조건은 포용력이다. 타인을 포용할 수 있는 마음가짐이 있어야 자신의 부족함을 정확하게 파악할 수 있고 타인과 협력해 상생하고자 하는 의지가 생긴다. 이런 상황이 만들어지면 잠재력을 최대한 발휘해 멋지게 일을 처리할 수 있다. 협력은 서로의 역량을 빌리는 과정이며 상대의 힘을 빌려 자신의 목표와 꿈을 실현하는 방법이다.

협력하면 역량은 두 배가 된다

개인의 능력은 한정되어 있으므로 타인과 협력해야 더 많은 일을 완성할 수 있다. 타인과 협력해 지식을 공유하고 발전시키거나 업그레이드 및 운용이 불가하다면 사회 발전을 따라잡기 힘들다. 특히 경쟁이 치열한 현대사회에서 성공의 기초를 닦을 방법은 타인과의 협력밖에 없다. 협력은 지식보다 중요한 능력이며, 개인의 품격이나 교양 수준을 보여주는 지표이다.

굶주림과 추위에 지친 두 친구가 있었다. 그들은 한 어르신의 도움을 받게 되었는데, 어르신은 두 친구에게 각각 낚싯대 한 개와 생선 한 바구니를 주었다. 두 사람은 받은 물건을 들고 각자의 길을 갔다. 생선 바구니를 얻은 친구는 모닥불을 피워 생선을 삶아 게걸스럽게 먹어치웠다. 생선 삶은 물까지 마시고 나니 아무것도 남지 않았다. 그는 얼마 지나지 않아 빈 생선 바구니 옆에서 굶어 죽었다. 낚싯대를 얻은 친구는 배고픔을 참아가며 힘겹게 바다를 향해 걸었다. 하지만 바다에 도착하기 전에 길에서 굶어 죽고 말았다.

굶주림에 지친 다른 두 사람이 있었다. 그들도 똑같이 각각 낚싯대와 생선 바구니를 얻었다. 그들은 함께 바다를 찾아 나섰다. 배가 고프면 생선 한 마리를 삶아 나눠 먹었다. 길고 고된 여정을 이겨내고 해변에 도착한 두 사람은 어부의 삶을 시작했다. 몇 년 후, 그들은 집을 짓고 배를 만들었다. 그리고 각자 가정을 이뤄 아이를 낳고 행복하게 살았다.

간단한 이야기지만 분명한 교훈을 담고 있다. 함께 상생을 도모하고 손실은 나눠야 한다는 교훈이다. 타인의 역량을 빌리고, 타인과 협력하는 능력이 있어야 자신을 위해 쓸 더 큰 힘을 비축할 수 있다. 사회가 끊임없이 발전하면서 경쟁은 치열해졌지만, 협력도 그만큼 광범위해졌다. 타인과 협력할 줄 모르는 사람이라면 치열한 경쟁에서 자신의 입지조차 지킬 수 없을 것이다.

협력은 상생이다

'한 자가 짧을 때가 있고, 한 치도 길 때가 있다.' 사람은 저마다 장단점을 가지고 있다. 장점을 많이 가진 사람이 반드시 경쟁 사회에서 우위에 서는 것은 아니다. 좋은 업무를 맡고 싶고 사업에서 성공하고 싶다면 절대적으로 한 사람의 능력만으로는 부족하다. 타인과의 협력과 결속이 필요한 이유다. 각자의 장점을 살려 능력을 향상한다면 상생의 협력을 이룰수 있다.

함이라는 스페인 사람은 어릴 적부터 베이킹을 좋아했다. 그는 더 큰 시장에서 성공하기 위해 미국에 왔지만, 미국은 그가 상상했던 꿈의 나라가 아니었다. 그의 사업은 고전을 면치 못했다.

1904년 여름, 함은 루이지애나주에서 열리는 제과제빵 박람회에 참석했다. 그러나 사람들은 그의 얇고 납작한 과자에 별 관심을 보이지 않았다. 옆에 아이스크림 가게에는 손님이 넘쳐났다. 아이스크림은 순식간에 팔려 나갔고, 가져온 아이스크림 그릇도 동났다. 이 상황을 보고 있던 함은 아이스크림 가게 사장을 돕고 싶은 마음에 자신의 얇은 과자를 원추형으로 말아서 아이스크림을 담는 그릇으로 쓸 것을 제안했다. 아이스크림 가게 사장은 함의 호의를 받아들여 그의 과자를 사보기로 했다. 원추형 아이스크림은 불티나게 팔렸다. 원추형 아이스크림은 호평을 받아 엑스포에서 '가장 인기 있는 상품'으로 선정되었다. 이때부터 원추형 과자 아이스크림이 빠르게 알려졌고 유행하기 시작해 오늘날의 콘 아이스크림이 되었다.

이렇게 다른 사람을 돕고자 했던 행동이 자신을 돕는 결과가 될 때가 있다. 타인과 진심으로 협력하면 양측이 다 이익을 얻을 수 있다. 각자의 장점을 유기적으로 결합해 연합을 만들면 시너지 효과를 얻어 윈윈(win-win)할 수 있다.

나를 일으켜줄 '백락'을 찾아라

젊은이들은 마음이 맞거나 의리가 있는 친구를 사귀려는 경향이 강하다. 물론 의리 있는 친구를 두는 것도 나쁘지 않다. 하지만 어떤 사람과 함께 하느냐가 인생에 큰 영향을 준다는 사실을 기억해야 한다. 친구를 보면 당신의 미래가 보인다. 향상심이 강한 친구가 있다면 당신도 그렇게 될 확률이 높다. 당신보다 뛰어난 친구라면 그는 당신에게 성공의 경험을 공유하고 당신의 발전을 돕는 백락(伯樂 중국 전국시대 명마를 알아본 감정가) 같은 친구가 될 것이다.

아카데미상 3회 수상과 에미상 2회 수상에 빛나는 미국 영화스타 커크 더글러스(kirk Douglas)를 두고 가난하고 초라한 젊은 시절을 보냈을 거라 생각하는 사람은 없다. 젊은 시절 별다른 재주 없이 일용직이나 전전하던 그가 할리우드의 빛나는 스타가 될 줄 누가 상상이나 했었을까? 그의 운명은 한 여행에서부터 바뀌기 시작했다.

기차를 타고 가던 중 무료하던 그는 옆에 앉은 여성과 이야기를 나눴다. 며칠 후 이 가난한 젊은이는 영화 제작현장에 초청받게 되었고 재능을 발휘할 기회를 잡게 되었다. 이때를 기점으로 커크 더글러스의 순탄한 연예계 삶이 시작되었다. 그가 이야기를 나누었던 여성은 할리우드의 유명 제작자였다.

더글러스의 성공에는 그의 노력과 재능 외에도 '백락'이 있었다. 자신을 알아봐 준 귀인이 없었다면 그가 이렇게 빨리 성공하기란 불가능했을 것이다. 마윈(马云, 알리바바 그룹의 창시자)의 성공에도 '백락'이 있었다. 그는 '백락' 같은 친구를 사귀었고, 그 친구들은 그와 함께 성공을 나누고 마음을 교류했다.

마윈은 컴퓨터나 인터넷 기술에 대해서는 잘 모르지만, 친구를 어떻게 사귀어야 할지는 정확히 알고 있었다. 그는 다른 사람들처럼 넓은 인간관계를 맺거나 넘치게 친구를 사귀지 않았다. 목표를 두고 유익한 친구를 사귀었다. 학창시절의 절친, 자신을 따르는 제자, 업계의 선배, 창업 멤버인 엔지니어, 인품과 재능을 겸비한 공무원, 선견지명이 뛰어난 언론인사가 그의 친구였다.

이 밖에도 마윈에게는 우수한 직원들이 있었다. 그와 직원들은 돕고, 지지하고, 이해하는 관계였다. 그는 직원을 친구처럼 대했다. 마윈은 밝고 즐거운 업무환경을 만들기 위해 노력했으며 직원이 자신의 재능을 최대한 발휘해 가치를 인정받을 수 있도록 했다. 중앙 방송국은 그에게 '중국기업 최고 경영자'라는 영광스런 별명도 지어주었다.

많은 직장인이 자신에게 '백락'이 없었기에 재능이 있음에도 성공하지 못했다고 생각한다. 그러나 괴로운 것은 기약 없는 '백락'과의 만남이다. 그리고 더 안타까운 것은 백락을 만난다는 보장이 없다는 점이다. 따라서 어떻게 백락을 만나 세를 형성할 것인가는 당신이 진지하게 심사숙고해 봐야 할 문제이다.

백락 같은 지인은 훌륭한 자산이다. 각 분야의 중요 인사들도 '백락'을 중시하고 있다. 당신의 성공 여부는 당신이 누구를 사귀고 누가 당신을 알고 있는가에 달려 있다. 당신이 가진 관계에 따라 연기를 할 기회도 달라진다. '백락'이 없으면 기회도 없다. 직장에서 성공하고 싶다면 가장 훌륭한 '백락'을 찾아야 한다. '백락'은 사업의 디딤돌이자 성공으로 가는 티켓이다.

우리에게 힘이 되어주는 사람들

우리는 혈연, 지연, 학연으로 이어져 있다. 인간관계에서 절대 무시할 수 없는 관계이다. 그들은 누구보다 우리에게 도움을 줄 수 있는 사람들이다. 특히 이런 관계는 어려운 일을 당했을 때 이해관계를 따지지 않고 서로 도울 수 있다는 점에서 빛을 발한다.

혈연의 정을 소중히 생각하라

친척은 피로 맺어진 혈연관계이다. 서로 도움을 주고받는 과정에서 혈연의 정은 이어진다.

싱가포르 제과제빵 업계의 제왕 조우즈징(周子敬)은 친구와 100위안으로 작은 과자 공장을 열었다. 개업 첫 달의 수익은 겨우 70위안에 불과했다. 시장 수요는 컸지만, 자본이 턱없이 적어 사업을 지속하기 어려웠다. 그는 삼촌을 설득하여 3,000위안을 빌려 자신의 첫 과자 공장을 세웠다. 대표이자 제과 기술자가 된 것이다. 아내는 그의 조수를 맡았고, 동생은 이사를 맡았다. 소규모로 시작했던 공장은 빠르게 성장해나갔다. 그 토대에는 그를 지지하고 도움을 준 가족과 친척들이 있었다.

물론 친척은 비교적 복잡한 사회관계이다. 서로 간에 존재하는 다양한 차이점은 갈등의 원인이 될 수 있다. 당신이 갈등 없이 친척의 도움을 받고 싶다면 다음 몇 가지 사항을 염두에 두자.

첫째, 얕잡아보지 마라. 친척 간에는 촌수가 있고 지위나 직업의 차이가 있지만, 왕래할 때는 위아래를 따지지 말고 존중하는 자세로 대하자. 사회적 지위가 높고 돈이 많으면 가난하고 지위가 낮은 친척에 비해 따르는 피붙이가 많을 수 있다. 그렇다고 도움을 요청하는 친척의 체면을 지켜주지 못하거나 자존심을 상하게 하면 친척을 잃을 수 있다. 상대를 난처하게 하는 상황은 서로 피하고, 도울 일이 있을 때도 고압적인 자세는 버리자.

둘째, 마음대로 행동하지 말자. 친척 간의 교류에서는 제멋대로 굴어 미움을 받기보다는 적당한 선을 지키는 게 좋다. 초대받아 간 친척 집에서 제멋대로 행동한다면 갈등의 원인이 될 수 있다. 사회생활을 하다 보면 친척도 회사 동료가 되고 사업파트너가 될 수 있다. 갈등이 생기지 않도록 최소한의 예의는 지켜야 한다.

셋째, 돈 문제는 분명해야 한다. 친척 간에 돈 문제로 충돌이 일어나 관계가 소원해지거나 악화되는 경우를 종종 볼 수 있다. 친척 간에 돈이 오갔다면 수익이 생긴 쪽에서는 상대에게 감사의 마음을 전해야 한다. 친척의 지지와 도움을 당연하게 생각하면 불만을 사 관계가 나빠질 수 있다. 돈을 빌렸으면 반드시 갚아야 하고, 선물을 받았다면 그에 보답하자.

친척끼리 동업을 한다면 문서나 계약서 등 서면상의 문건을 만드는 것이 좋다. 각자의 책임과 이익에 대해 분명하게 명시해야 즐거운 동업이 가능하며 성공할 수 있다. 감정적인 일 처리를 지양하고 항시 돌발 상황을 염두에 두자. 이런 상황이 벌어지면 종종 끝이 좋지 않다. 친척 간에 돈 문제가 생겨 다투게 되면 관계 유지가 힘들어진다. 친척 간의 돈거래는 친밀감을 주는 요소가 될 수 있지만 다툼의 화근이 될 수 있으니 주의해야 한다.

타지 생활에서는 동향을 찾아라

'동향의 정은 고량주라 마실수록 향이 좋아지며, 동향의 정은 노을이라 매력이 무한하며, 동향의 정은 등대라 가야 할 방향을 알려준다.'는 말이 있다. 중국인 대다수는 동향 간의 정을 매우 중시한다. '동향 사람을 만나면 눈물을 쏟는다.'는 말이 있다. '눈물을 쏟는다'는 표현에는 그들의 서정적 감정이 잘 나타나 있다. 단순히 같은 곳에 살았다는 사실을 넘어서 끈끈한 정으로 이어져 있다. 말로는 정확히 표현하기 힘든 이 특별한 감정은 당신에게 힘이 되어준다.

타지 생활을 해본 사람들이라면 외로움과 고독을 겪어보았을 것이다. 힘든 일이 있을 때는 처량하다는 생각도 든다. 이럴 때 동향 사람의 도움을 받는다면 가슴이 먹먹해지지 않을까?

왕화(王華)는 학교에 다닐 때 사고로 다리를 다쳐 절름발이가 되었다. 가난한 형편 때문에 남들보다 일찍 생활전선에 뛰어들어야 했던 그는 고향을 떠나 타지에 있는 친척 집에 머물게 되었다. 빨리 일을 해서 다리 치료비와 집으로 보낼 생활비를 벌고 싶었지만 많은 회사가 장애를 이유로 고용을 거절했다.

그는 지푸라기라도 잡는 심정으로 인터넷 지역 게시판에 자신의 어려움을 알리고 도움을 청하는 글을 올렸다. 누군가 자신을 도와주기를 바라는 마음은 그의 마지막 희망이었다. 그런데 글을 올린 지 채 몇 시간도 지나지 않아 그는 수많은 전화를 받았다. 모두 그에게 도움을 주겠다는 내용이었다. 그중 가장 큰 감동을 준 사람은 네트워크 판매 회사를 운영하는 한 사장이었다.

"우리 회사에서 같이 일했으면 좋겠습니다. 앉아서 하는 일이니 다리가 불편한 것은 문제가 되지 않습니다."

그의 진심 어린 요청에 왕화는 감동의 눈물을 흘렸다.

이뿐만이 아니었다. 사장은 왕화가 사전교육을 받을 수 있도록 배려해 주었고, 언제든 왕화가 원하는 시기에 일을 시작할 수 있도록 지시했다.

이후 사장에게 왕화를 받아들인 이유를 묻자 그는 이렇게 대답했다.

"이 일이 그에게 적당하다고 생각했습니다. 물론 한 가지 더 중요한 이유가 있었습니다. 그와 저는 같은 강물을 마시고 자란 고향 사람이기 때문입니다. 끈끈한 고향의 정은 쉽게 잘라낼 수 없는 법이죠."

타지에서는 구수한 고향 사투리나 내 고향 특산주 한 잔에도 힘을 얻을 때가 많다. 타지 생활에서 어려움을 겪고 있을 때 동향 사람은 위안을 주는 존재이자 도움을 줄 수 있는 조력자가 된다. 동향 사람을 만나면 타지 생활의 외로움과 무력감을 빗겨갈 수 있다. 당신이 힘들 때면 그들은 당신에게 선뜻 도움의 손길을 내밀 것이다. 이렇듯 끈끈한 고향의 정은 우리에게 긍정적 요소로 작용한다.

3부

불공평한 세상에서 나를 세우는 법

인생은 한 편의 시처럼 따뜻하고 달콤한 낭만적인가 하면, 냉혹하고 불안한 현실이기도 하다. 인생은 사랑을 표현하는 경쾌하고 밝은 노래 같은가 하면, 어둡고 우울한 이별 노래 같기도 하다. 인생은 무대 같기도 하다. 대중에 둘러싸인 주연이 있는가 하면, 이름조차 없는 조연도 있다. 세상사 반복되는 부침과 기복 앞에서 '유유자적한' 경지에 이르고 싶다면 유연하게 처세할 줄 아는 현명한 사람이 되어야 한다.

9장

강함과
부드러움이
공존하게 하라

반듯함과 유연함은 중국 문화 특유의 개념으로, 천 년의 성공 비결로 전해 내려오고 있다. 반듯함과 유연함의 이치를 깨닫고 강함과 부드러움을 잘 조화시키면, 산을 만나면 길을 내고 물을 만나면 다리를 놓듯이 모든 일을 원만하게 해낼 수 있다.

반듯함과
유연함의 이치를
깨닫다

우리는 외유내강형 인간이 되기를 원하지만, 교제나 일 처리에 있어 강함과 부드러움이 무엇인지를 아는 사람은 별로 없다. '강함'은 인간의 품성과 정의이고, '부드러움'은 처세의 기술과 융통성이다. 부드러움은 길을 가다 직진이 힘들면 돌아가는 방법을 선택하는 것이다. 지나치게 네모 반듯하면 모서리가 눈에 띄어 장애물을 만난다. 반대로 지나치게 교활하고 약삭빠르면 남에게 해를 끼치니 시간이 흐르면 친구 하나 없는 외톨이가 된다. 강함 밖에 부드러움이 있고, 부드러움 속에 강함이 있는 인간이 되자. 강함과 부드러움, 반듯함과 유연함이 조화를 이루면 융통성 있는 사람이 되어 원만하게 성공에 이를 수 있다.

'반듯함'은 사람됨의 기본

어려서부터 우리는 선생님과 부모로부터 정직하고 착한 사람이 되라는 말을 듣고 자랐고, 타인에게 선을 행하라는 가르침을 받았다. 세상에는 따라야 할 규칙과 지켜야 할 정의가 있기 때문이다. 그러나 사회생활을 하다 보면 현실은 꼭 그렇지는 않다는 사실을 깨닫는다. 우리는 위선과 거짓으로 가득 찬 야박한 현실을 어디서든 쉽게 마주할 수 있다. 바른 사람은 없는 것 같고, '왜 나만 정직하게 살아야 돼?'라는 회의마저 든다. 그렇다면 세상은 정말 정의롭지 못한 곳일까? 답부터 말하자면 그렇지 않다. 대부분의 사람은 정직하고 선량하며 우호적이다. 그렇지 못한 소인들은 늘 결말이 좋지 못하다.

'반듯함'은 사람됨의 기본이자 근본이다. 이 세상에서 환영받고 사랑받는 사람들은 하나같이 '반듯함'이라는 영혼을 갖고 있었다. 무협소설이 인기 있는 이유는 바로 정기(正氣)가 있는 인물이나 올바른 세상의 이치를 이야기하기 때문이다. 대장부는 하지 않는 바가 있고, 반드시 해야 하는 바가 있다. '반듯함'의 영혼이 없는 사람은 사회 윤리에 어긋나는 행동으로 대중에게 버림받고 성공을 거두지 못한다.

'유연함'은 처세의 기술

그런데 '반듯함'만으로는 부족하다. '유연함'의 도움을 받아야 성공을 거머쥘 수 있다.

연예계의 보기 드문 원칙주의자 쾅메이윈(鄺美雲)은 미스 홍콩에 참가했을 당시 기자에게 난감한 질문을 받았다. "책을 출간했을 때 반응이 좋지 않았는데요, 미련한 행동이 아니었을까요?" 분명 까다로운 질문이었지만 그녀는 교묘하게 대답했다. "아실지 모르겠지만, 1등이었던 학생들이 졸업 후에 뭘 하고 있을까요? 아마도 엔지니어, 변호사, 의사가 됐겠죠. 그럼 2등이었던 학생들은 뭘 하고 있을까요? 그들 중 많은 이들이 그런 엔지니어, 변호사, 의사의 오너가 됐어요."

사회에서 학업 성적이 우수했던 학생이 꼭 성공하는 것은 아니고, 성적이 그저 그랬던 학생이 오히려 근사하게 사는 걸 보면 고민해볼 가치가 있는 문제다. 성적이 우수했던 학생들은 전문지식을 학습하는 데 급급해 '유연함'을 무시했기 때문이다. 반면, 성적이 그저 그랬던 학생들은 사람들과 교류하는 과정에서 처세의 이치를 파악했기 때문에 큰 성공이 가능했다.

주변에 성공한 사람들을 보자. 최고의 전문 기술을 갖췄기 때문에 성공한 것일까? 절대 그렇지 않다. 그들의 성공은 상당 부분 유연함과 반듯함으로 잘 처세한 데서 비롯되었다.

간단한 예를 들어보자. 당신이 잘 모르는 새 이웃에게 말했다.

"우리 집에 화분이 하나 있는데 손질 좀 도와주세요!"

이 말에 상대방은 아마 본체만체하며, '참나, 내가 왜 당신을 도와줘?'라고 생각할 것이다. 그러나 만약 당신이 표현 방식을 바꿔서 이렇게 이야기한다면 결과는 달라진다.

"이전에 보니 댁에 있는 꽃을 정말 예쁘게 가꿨더라고요. 이 방면에 조예가 깊으신 것 같아요. 집에 화분이 하나 있는데 어떻게 손질해야 하는지 한 수 가르쳐주실 수 있으세요?"

상대방은 분명 당신을 위해 온 정성을 쏟을 것이다. 같은 상황이라도 표현방식이 다르면 효과는 크게 달라진다. 이것이 바로 반듯함과 유연함의 이치이다.

반듯함과 유연함이 공존하고, 강함과 부드러움이 조화를 이루면 가장 완벽한 처세가 된다. 만약 강경하기만 할 뿐 부드럽지 못하고, 반듯하기만 할 뿐 유연하지 못하며, 강하기만 할 뿐 약하지 못하고, 나아가기만 할 뿐 물러서지 못한다면 전부 바람직하지 못하다. 이런 처세의 결과는 실패밖에 없다.

잘난 체하고 안하무인에 고집스러운 성격은 당연히 큰 결격 사유가 된다. 자고로 이런 사람들에게는 늘 성공보다 실패가 앞선다. 사소하게는 작전에서 패하고, 크게는 지위도 명예도 모두 잃고 패가망신하게 된다. 미국의 최고 사령관 맥아더 장군은 지나치게 강직하고 거만한 성격 때문에 유배를 당했다.

성격이 우유부단한데다 결단력까지 부족한 사람은 머뭇거리는 사이 기회를 놓친다. 세계적인 문학가 카프카는 내성적이고 유약한 성격에 겁도 많아 줄곧 부모에게 모든 걸 의지했다. 그는 뛰어난 재능을 가졌음에도 나약한 성격 때문에 평생 우울한 삶을 살았다.

증국번(曾国藩)은 이렇게 말했다.

"반드시 강함과 부드러움이 공존하는 사람이 되어야 한다. 부드럽기만 하고 강하지 못한 사람은 의기소침해지기 쉽다. 반대로 강하기만 하고 부드럽지 못한 사람은 실패하기 쉽다. 강함은 잔학함, 엄격함이 아닌 자강(自强)이다. 부드러움은 약함, 무능함이 아닌 겸양(謙讓)이다. 일할 때는 자강이 필요하고, 명리를 추구할 때는 겸양이 필요하다."

그의 말에는 강함과 부드러움의 특징, 강함과 부드러움의 공존이 왜 중요한지가 알기 쉽게 나타나 있다. 일할 때는 강함과 부드러움을 겸비해야 성공의 문을 열 수 있다.

불공평한 상황에 대처하는 법

'세상은 참 불공평해!'라는 말을 자주 하는 사람들이 있다. 물론 우리 주위에는 불공평한 일이 참 많다. 그러나 전체적으로 보면 세상은 그래도 공평하다. 종이에 앞뒷면이 있듯이 공평과 불공평은 같이 존재한다. 한 면만 있는 종이는 없다. 그러니 절대적인 불공평과 절대적인 공평도 있을 수 없다. 기왕지사 인생에서 불공평한 상황에 부닥쳤다면, 우리는 침착한 태도로 적응해나가야 한다. 평상심을 유지한다면 당신은 좀 더 멀리 나아갈 수 있다.

유연하게 마음가짐을 변화시켜라

인생의 기나긴 여정에서 절정이 있으면 당연히 바닥도 있다. 그러나 어떠한 경우든 침착하게 받아들이고 대수롭지 않게 여겨야 한다. 눈앞의 득실과 성패에 지나치게 집착하거나, 만족스럽다고 득의양양하여 다른 것을 전부 잊어서는 안 된다. '불공평'한 대우를 받았다고 해서 낙담하고 불평할 필요도 없다. 이럴 때 임기응변이야말로 유연한 처세의 최고 경지이다.

임기응변을 익히면 열악한 환경에 적응할 수 있고, 바꿀 수 없는 현실 속에서 자신의 마음가짐을 변화시켜 장기적인 발전을 추구할 수 있다.

늘 평상심을 유지하라

누구나 살면서 한 번쯤 불공평한 상황에 부닥치게 된다. 하지만 불공평한 상황에 직면했을 때의 태도와 극복 방법은 사람마다 다르다. 오랫동안 분노에 휩싸여 결국 시간만 허비하고 아무것도 이루지 못하는 사람이 있는가 하면, 늘 평상심을 유지하면서 마음속 불만을 원동력 삼아 인생을 다시 써나가는 사람도 있다.

어느 대기업이 재정상의 이유로 감원을 진행했다. 경영지원팀의 리차이펑과 차오원 둘 다 감원 대상 명단에 올라 한 달 후 직장을 떠나야 했다.

이튿날 출근한 리차이펑은 화가 난 목소리로 동료에게 쏘아대기 시작했다. 이번 감원 명단은 사장이 결정한 것이지, 동료와는 전혀 상관 없다는 것을 리차이펑도 알고 있었다. 그러나 사장에게 직접 불만을 털어놓을 수 없었던 그녀는 만만한 주변 동료에게 화풀이를 했고, 동료는 그녀를 동정하는 마음에 차마 비난하지 못했다.

리차이펑이 주임을 찾아가 눈물로 억울함을 하소연했을 때는 동료도 가슴이 아팠다. 리차이펑은 도시락 주문, 우편물 송수신, 문서 전송 등과 같은 일을 잘 챙기던 친절한 직원이었다.

얼마 후 리차이펑은 사장에게 사정을 설명해줄 수 있을 만한 임원을 섭외했다. 그러나 구제되는 직원은 없을 거라는 소식에 그녀는 다시 한 번 큰 충격을 받았다. 리차이펑은 분노했고, 모든 사람에게 차갑게 대했다. 그러자 모두가 그녀를 두려워하고 피하기 시작했다. 누구에게나 사랑받는 여직원이었던 리차이펑은 직장을 떠날 때는 미움받는 존재가 되어버렸다.

사실 감원 명단이 공개된 후, 차오윈 역시 슬픔에 잠겨 있었으나 다음 날 출근해 우울한 기색 없이 평소처럼 업무에 임했다. 평소 늘 그녀에게 업무를 지시했던 동료가 모두 미안해했다. 자신에게 업무를 시키기 미안해하는 동료의 모습을 눈치챈 차오윈은 일부러 사람들에게 밝게 인사를 건네고, 주동적으로 일을 맡아 자신의 업무에 매진했다.

한 달 뒤, 리차이펑은 직장을 떠났고 차오윈은 남겨졌다. 주임이 직원들에게 사장님 말씀을 전했다. "차오윈의 자리는 누구도 대신할 수가 없다. 회사는 차오윈과 같은 직원을 영원히 미워할 수 없을 것이다."

이야기 속 리차이펑과 차오원은 회사 감원이라는 시련에 직면했을 때 마음가짐이 완벽히 달랐다. 우리는 차오원처럼 불공평 앞에서도 평상심을 유지해야 한다. 불리한 환경에서도 평상심을 유지할 수 있다면 기쁨과 행운이 따를 것이다. 차오원이 결국 회사에 남은 사실은 이를 증명한다. 불공평한 상황에 직면했을 때 무턱대고 남 탓만 하면 일을 더 그르칠 뿐이다. 평상심을 유지하고 맡은 일에 매진하는 편이 더 현명하다.

'나눔'이 최고의 처세술이다

위대한 작가 레프 톨스토이는 이렇게 말했다.

"사랑의 마법은 수학 법칙의 균형을 잃게 한다. 고통은 나누면 반이 되고, 행복은 나누면 배가 된다."

나눔은 경지에 이른 처세술이자 지혜이며 아름다운 선행이다. 나눌 줄 아는 사람은 타인의 성공에 박수 칠 줄 알고, 타인과 성공을 만들어나가는 방법도 안다. 영국의 극작가 조지 버나드 쇼가 말했다.

"만약 당신과 내가 하나씩 가지고 있던 사과를 교환한다면 당신이나 나나 여전히 사과 하나씩을 갖게 된다. 하지만 당신과 내가 각자 가진 생각을 나눈다면 우리는 두 개의 생각을 갖게 된다."

나눌 줄 알면 그 나눔이 타인의 고견을 끌어내는 디딤돌이 되어줄 것이다.

나누면 성과가 배가된다

당신이 성공했을 때 다른 사람과 수확의 열매를 나눈다면, 그 성공의 가치는 배가된다. 당신이 기쁠 때 다른 이와 그 감정을 나눌 줄 안다면, 기쁨은 배가될 것이다. 기회를 잡았을 때 성공의 기회를 나눌 줄 안다면, 협력을 통한 상생을 만들 수 있다.

어느 외딴 시골 마을에 한 농부가 껍질이 얇고 즙이 많은 신품종의 과일을 연구 재배하여 과일 도매상들에게 엄청난 주문을 받았다. 그의 신품종 과일이 잘 팔리자 마을 사람들은 그 종자를 빌려 심고 싶어 했으나 거절당했다. 농부는 마을 사람들과 자신의 연구 성과를 공유하고 싶지 않았다. 그는 다른 사람이 이 과일을 심는다면 자신의 사업이 피해를 입을 것이라 생각했다.

이듬해, 과수 재배자의 과일은 예년보다 품질이 떨어져 더는 과일을 찾는 구매자가 없었다. 모든 재배 단계를 조사했지만, 원인을 찾을 수 없었다. 그는 할 수 없이 전문가를 찾아가 문의했다. 전문가는 조사를 거친 후 다음과 같이 조언했다.

"재배 단계에는 문제가 없지만, 만약 과일을 예전처럼 판매하고 싶다면 반드시 주변 지역에 이 신종 제품을 대규모로 재배해야 합니다."

그는 혼란스러웠다. 전문가에게 이유를 묻자 다음과 같은 대답이 돌아왔다. "당신 것만 개량 품종이고 주변은 전부 다 그 과일의 오래된 품종입니다. 꽃이 피고 수분할 때 신품종과 구품종이 서로 영향을 주고받아

품질이 평준화되었으니 과일 품질이 나빠질 수밖에요."

그는 큰 깨달음을 얻고 자신의 신품종을 마을 사람들에게 나누어주었다.

이듬해에 모두 좋은 수확을 하였고, 이 작은 산촌은 점점 부유해졌다.

만약 이야기 속 주인공이 잘못을 깨닫지 못하고 자신의 성공을 나누려 하지 않았다면, 이익은커녕 오히려 막대한 손실만 입었을 것이다. 삶이란 때때로 이렇게 나눌수록 더 많은 것을 얻게 되고, 자신의 이익만 고수할수록 아무것도 남지 않게 된다. 나눔의 지혜를 깨달아야 성공할 수 있고 타인의 존경과 진정한 우정도 얻게 된다.

천하를 즐겁게 하는 '나눔'

"홀로 즐거운 것은 함께 즐거운 것만 못하다."는 옛말이 있다. 인간은 사회 속에서 성장하고 집단의 보호를 받는다. 인간과 인간 사이에는 상호작용이 일어나 당신은 타인에게 영향을 미치고, 타인은 당신에게 영향을 미친다. 따라서 자신이 가진 지식과 즐거움을 타인과 기꺼이 나눈다면 손해보다는 더 큰 기쁨과 만족감을 느끼게 된다. 타인과 함께 성공과 부를 나눌 줄 아는 사람은 가장 성공한 사람, 가장 부유한 사람이 될 것이다.

샤오페이양(小肥羊) 그룹의 창업자 장강(張鋼)은 이런 말을 했다.

"충분히 신뢰할 수 있는 파트너와는 기꺼이 이익을 나눌 수 있다. 이것은 내가 지금까지 지켜온 사업 원칙이다."

그의 창업 역사를 사실적으로 서술해주는 대목이다.

장강은 그룹 내에서 방임적 태도를 보여왔다. 그는 부하 직원이 누구이든 그를 절대적으로 신임하고 경계심을 버렸다. 이익에서도 일관된 원칙을 지켜왔다. 돈이 있으면 함께 벌고, 이익이 있으면 함께 나눈다는 것이다. 장강은 입사한 모든 직원과 주식을 공유하길 원했다. 주주들의 적극성과 근로자들의 적극성은 비할 바가 못 되므로 이러한 이윤분배 방식을 도입하면 누구나 전력을 기울일 것이라는 사실을 그는 알고 있었다.

장강이 이익을 나누는 방식은 옛 선조가 언급했던 '천하대동, 인덕치세(天下大同, 仁德治世)'의 왕도와 완전히 일치한다. 천하가 함께 즐거워야 진정한 즐거움이다. 좋은 것을 타인과 나누어야 타인의 지지와 사랑을 얻을 수 있다.

버리면 얻게 되는 '포기'의 미학

우리는 살면서 변통하는 법을 몰라 놓아야 할 때에 놓지 못하고 괴로워하는 사람들을 종종 볼 수 있다. 사랑하는 사람이 더는 자신을 원치 않는데도 손을 놓지 못하고 애처롭게 매달려 자신은 물론 타인의 행복까지 훼방을 놓는다. 그럴 필요가 전혀 없는데도 말이다. 어차피 당신에게 속한 것이라면 언제나 당신 것이고, 당신의 소유가 아니라면 어떻게 해도 잡아둘 수 없다. 버렸을 때, 포기했을 때 잃게 되는 것이 아니라 진정한 행복을 얻게 되는 세상의 이치를 깨달아보자.

타인의 행복이 나의 행복이 되는 이치

옛말에 '군자성인지미(君子成人之美)'라고 했다. 군자는 남의 좋은 일을 도와 성사시켜 준다는 뜻이다.

때로는 자신보다 다른 이에게 더 큰 가치가 있다면 인심 한 번 써보는 것도 나쁘지 않다. 그러면 그 사람은 분명 감격할 것이다. 예를 들어 당신의 감정과 달리 상대방의 마음속에 다른 이가 있고 그들의 마음이 서로 통할 때는 그들이 함께할 수 있도록 도와주는 것도 괜찮다. 아쉽겠지만 당신에게도, 그들에게도 해방과 기쁨이 된다. 그들은 평생 동안 당신에게 감사하는 마음을 가지고 살 것이다.

옛날에 나이가 고희에 가까운 한 늙은 재상이 차이위라는 젊은 처자에게 장가를 들었다. 그러나 얼마 지나지 않아 차이위는 젊고 잘생긴 자오씨라는 성의 궁중요리사와 사통하게 되었다.

늙은 재상은 특별히 새 한 마리를 키웠는데, 이 새는 매일 오경 초에 울었고 늙은 재상은 새 울음소리에 일어나 조회에 나갔다. 차이위는 자오씨에게 사경이 되면 대나무대로 새를 찔러 미리 울게 했고, 늙은이가 나가면 그들은 사랑을 속삭일 수 있었다. 하루는 늙은 재상이 새의 울음소리를 듣고 급히 일어나 조방(조정의 신하들이 조회 시간을 기다리며 쉬는 방) 문밖에서 기다리다가 차오위와 자오씨의 은밀한 속삭임을 엿들었다. 차오위가 말했다.

"당신은 당신이 만드는 성지골수어(聖旨骨酥魚) 같아요. 매일 먹지만 매일 부족하죠. 제 맘속의 당신은 마치 한 송이 꽃처럼 신선해요."

그러자 자오씨가 말했다.

"당신은 꼭 묵은 생강을 넣은 마퇀(麻団, 참깨가루를 입혀 튀긴 찹쌀도넛) 같아요."

여기까지 들은 재상은 분노에 몸이 떨렸으나 조용히 조회에 나갔다.

이튿날은 마침 중추절이었다. 늙은 재상은 차이위와 자오씨를 함께 불러 후원 석연정에서 식사하며 달구경을 했다. 술이 세 순배 돌자, 늙은 재상이 수염을 어루만지며 말했다.

"오늘 밤 우리 달맞이하며 시를 지어보세. 내가 먼저 지을 테니 자네 둘도 내 시의(詩意)를 이어 몇 구절 지어보게."

말을 마치자마자 그는 큰 소리로 읊었다.

"중추절 밤, 달은 하늘에 걸려 있고, 새가 울지 않아 대나무대로 찔렀노라. 꽃이 마퇀 위에 떨어지고, 묵은 생강은 문밖에 숨어 듣고 있더라."

시를 듣자마자 자오씨는 꼬리를 밟혔다는 사실을 알았다. 그는 탁자 앞에 무릎을 꿇고 다음 구절을 읊었다.

"8월 중추절 달은 둥글고, 소인 죄를 알고 탁자 앞에 무릎 꿇네. 대인께서 소인을 꾸짖지 않으시니, 재상의 뱃속에서는 배도 저을 수 있네."

차이위도 대뜸 알아차리고는 허겁지겁 바닥에 무릎을 꿇으며 말했다.

"중추절 아름다운 밤 달은 서쪽으로 기울고, 꽃다운 18세에 고희를 모시네. 재상 영감께서 용서해주신다면 마퇀은 꽃과 함께하겠노라."

이를 들은 늙은 재상은 박장대소하며 말했다.

"꽃과 마퇀이 기왕 잘 어울리니 재상의 집에서 멀리 떠나 부부가 되어

라. 두 사람의 정이 오래된다면, 성지골수어를 잊지 마라."

차이위와 자오씨는 황급히 머리를 조아리며 은혜에 감사드렸다. 이때
부터 '재상의 뱃속에서는 배도 저을 수 있다.'는 이야기가 민간에 전해
져 미담이 되었다.

이야기 속 늙은 재상은 너그러우면서도 총명한 사람이었다. 기꺼이 남
이 잘되도록 도와주려는 마음 덕분에 양자 모두 해방과 기쁨을 얻었다.
상대방은 두려워하며 쉬쉬할 필요가 없었고, 자신도 이 일로 더는 슬퍼할
필요가 없었으며 한 시대의 명성까지 얻었다.

우리는 살면서 융통성 있고 분별력 있는 사람이 되어야 한다. 자신의
이익만 좇는 것이 아니라, 때론 다른 사람을 위해 비켜줄 줄 아는 지혜도
필요하다. 이런 지혜는 내 삶에 새로운 활로를 열어줄 뿐 아니라 다른 사
람도 행복하게 한다.

포기하면 얻게 되는 이치

포기를 상실과 동일시하지 마라. 옛말에 '두 마리 토끼를 다 잡을 수는 없
다.'고 했다. 때로는 포기해야만 얻을 수 있다. 세월의 고통을 겪어야 한
단계 더 성숙해진다. 인생에서의 수많은 선택은 항상 우리를 끝없는 망설
임 속에서 배회하게 한다. 더 많이 갖고 싶어 할수록 더 많이 잃게 된다.
이런 이유로 우리는 깨끗하게 포기하는 법을 배워야 한다. 너무 많은 욕
망을 짊어지면 삶의 발걸음만 무거워질 뿐, 결국 아무것도 얻지 못한다.

한 산악인이 에베레스트를 등반하던 중 6,400미터의 고도에서 멈추고 유유히 산에서 내려왔다. 그 일이 있고 얼마 후 어떤 이가 조금만 더 오르면 사선을 넘을 수 있는데 왜 버티지 않았느냐며 안타까워했다. 그의 대답은 명쾌했다.

"아니요, 6,400미터가 제 인생의 최고점이라고 생각해요. 전혀 아쉽지 않습니다."

만약 그가 체력이 한계에 달한 상황에서 오로지 칭찬을 듣기 위해 무모하게 전진했다면 끔찍한 결과를 초래했을지 모른다. 자신을 똑바로 인지한 덕분에 그는 가장 안전한 방법으로 자신에 대한 도전에 성공할 수 있었다. 이러한 포기를 가치 없다고 할 수는 없다.

다음과 같은 우화가 있다. 한 지자(智者)와 젊은이가 수많은 오색찬란한 돌들을 발견했다. 젊은이는 흥분하여 오색 돌을 전부 광주리에 담았다. 그런데 길을 걷다 무거운 짐을 감당할 수 없게 되자 힘이 빠진 젊은이는 광주리 속 돌들을 모두 바닥에 던져버렸다. 그러자 지자가 말했다.

"아니, 왜 좋아하는 것을 고르지 않고 다른 것들까지 포기하는 거지?"

지자의 말을 들은 젊은이는 그중 몇 개의 오색 돌을 골라 길을 떠났고, 아무런 수확도 없는 난감한 상황을 피할 수 있었다. 젊은이는 너무 많은 것을 탐내다가 모든 것을 잃을 뻔했지만 결국 탐욕을 버렸기 때문에 편안하고 여유 있는 여정을 할 수 있었다. 즉, 포기를 알 때 진정한 얻음이 있다.

이처럼 포기는 상실이 아니다. 가진 것이 많을수록 고민은 많아지고, 그중에는 당신에게 전혀 중요하지 않은 것도 포함되어 있다. 포기를 모르고 끊임없이 추구하려는 욕망은 인생길에서 방해만 될 뿐이다. 적당한 타이밍에 포기한다면 삶의 무게는 훨씬 가벼워질 수 있다. 이때 당신의 포기는 '상실'이 아닌 또 다른 의미의 '획득'이 된다.

멀리 넓게 보는 우물 밖 개구리

세상은 넓고, 인생은 변덕스럽다. 만약 우리가 자기 눈에 들어온 모퉁이 하나를 세상 전체로 여긴다면 우물 안 개구리가 되고 말 것이다. 넓은 각도로 문제를 본다면 더 많은 출구가 보이고, 더 넓은 각도로 인생을 본다면 우리의 마음은 너그럽고 담담해질 것이다. 더 넓은 각도로 더 멀리 보는 연습을 해보자. 멀리 아름답게 펼쳐진 풍경만큼 우리의 마음도 끝없이 넓어질 것이다.

자신을 위한 창(窓)을 내자

우리는 주변에서 사소한 것에 집착하는 사람들을 종종 본다. 그들은 한곳에 깊이 빠져 헤어 나오지 못한다. 말할 수 없는 고통에 시달리면서도 사소한 문제에 갇혀 빠져나오길 원치 않는다. 그들은 고집스럽게 자신의 견해로 사태를 바라보고, 원칙을 고수하며, 막무가내로 자신의 의견을 주장한다. 그들은 다른 사람의 호의와 충고를 받아들이지 않다가 결국에는 자신을 막다른 길로 몰아 위험과 고통에 빠뜨린다.

옷에 달려 있던 단추 하나를 잃어버렸다고 굳이 온 상가를 돌며 원래 것과 똑같은 단추를 찾을 필요는 없다. 원래의 것이 반드시 최고가 아닐 수 있다. 시야를 좀 더 넓힌다면 옷 스타일을 더 잘 살릴 수 있는 단추를 찾을 수 있다. 경직된 사고방식은 생각을 속박하고, 우리를 작은 구석에 몰아넣어 삶의 다양한 가능성을 가로막는다. 개방된 사고와 예리한 직관을 길러야만 자아를 완성할 수 있다.

인생길은 원래 평탄할 수 없다. 그러니 삶이 힘들다며 자신을 괴롭힐 필요도 없다. 자신을 위한 창 하나 내는 법을 배우자. 작은 것에 집착하는 태도는 문제 해결에 조금도 도움이 되지 않는다. 궁지에 빠졌을 때는 용기를 갖고 처음부터 다시 시작해야 출구가 보인다. 벽이 나올 때까지 단념을 못 하면 다치는 건 자기 자신이다. 당신이 향상심을 잃지 않는다면 타인과 자신에게 여지를 주는 것도 좋은 방법이다. 반드시 자신을 벼랑 끝으로 몰고 갈 필요는 없다.

길이 없으면 차선을 변경하라

문이 열리지 않으면 열쇠를 바꿔 열어보거나 다른 문으로 들어가면 된다. 곤경과 어려움에서 탈출하는 방법은 뜻밖에 간단하다. 몸을 돌려 방향을 바꾸면 그만이다. 방향을 바꿔보면 일이 절로 해결된다.

미국에 카르텔이라는 출판업자가 있었다. 그는 인기 없는 책들을 한 트

럭 갖고 있었는데, 판매할 방법이 없어 고민이었다. 고심 끝에 아이디어가 하나 떠올랐다. 대통령에게 책 한 권을 선물하고 며칠 뒤 전화로 그 책에 관한 감상과 의견을 물어보는 것이었다. 온종일 정무에 바쁜 대통령은 너무 귀찮은 나머지 '꽤 괜찮은 책이다. 내용이 훌륭하다.'며 적당히 얼버무렸다. 카르텔은 더없이 귀한 보물을 얻은 듯 대대적으로 광고했다. 인기 없던 책은 '대통령이 가장 사랑하는 책'으로 변신했고, 얼마 지나지 않아 전부 팔렸다.

그로부터 얼마 후 카르텔은 또 비슷한 곤경에 빠졌다. 그는 예전처럼 대통령에게 또 책을 선물했다. 대통령은 이미 그에게 한 번 속았던 터라 이번에는 '내 인생 최악의 책이다!'며 그를 깎아내렸다. 카르텔은 웃음 가득한 얼굴로 돌아가 광고했다.

'대통령이 꼽은 최악의 책!'

독자들은 호기심에 하나둘 책을 샀고, 그렇게 책은 날개 돋친 듯이 팔려나갔다.

카르텔이 대통령에게 세 번째 책을 선물했을 때, 대통령은 앞서 두 번을 교훈 삼아 어떠한 평가도 하지 않았다. 카르텔은 다시 광고했다.

'대통령도 감히 평가할 수 없었던 책!'

그는 다시 엄청난 돈을 벌어들였다.

이야기 속 카르텔은 대통령의 사회적 영향력을 교묘하게 빌려 광고했지만, 사실 그가 엄청난 성공을 거둔 이유는 남과 다르게 생각하여 창의적인 광고를 했기 때문이다. 실수로 곤경에 빠졌다면 우리는 왜 모든 것을 멈추고 침착하게 따져보지 않는 걸까? 자신의 경직된 사고방식을 바꾸고 최상의 상태에서 다시 시작해야 고통에서 벗어나 밝은 미래를 향해 달려갈 수 있다.

'함축적인 사람'이 경쟁력이 있다

대세를 아는 자가 준걸이라는 말이 있다. 사람은 어디서나 자신의 능력을 뽐내는 행동을 삼가고 모난 부분을 둥글게 만들어야 한다. 물론, 과시하지 말라 해서 재능을 숨기라는 말은 아니다. 경쟁사회에서는 자신의 재능을 드러내야 한 자리라도 차지할 수 있기 때문이다. 그러나 재능을 드러내되 자신을 과도하게 뽐내지는 말아야 하며, 수련을 통해 자신의 장점을 함축적으로 표현할 줄 알아야 질투가 아닌 호감을 얻을 수 있다.

때가 되면 꽃을 피워라

재능이 있다고 해서 기고만장해서는 안 된다. 때를 기다리지 않고 재능을 드러냈다가 오히려 경쟁자들에게 싹이 잘려 꽃을 피우지 못할 수 있다. 반대로 상처받기 싫어서 재능이 있음에도 드러내지 않는 예도 있다. 이런 행동은 자신을 효과적으로 보호할 수는 있겠지만 결국 스스로 도태되는 꼴이 된다. 시의적절하게 재능을 드러낼 줄 아는 처신이 필요하다.

사다트 이집트 전 대통령은 이집트 '7·23혁명'의 조직자이자 발기인 중 한 명이다. 혁명이 성공을 거둔 후 상급자들 간의 권력과 이익 다툼이 몹시 격렬했는데, 유독 그만 대권을 탐하지 않고 태연자약했다. 그는 대권을 손에 넣은 나세르에게 무한한 존경을 표했다.

1970년 9월 나세르가 세상을 뜨자 이집트에서는 또 한 번의 격렬한 권력 다툼이 시작되었다. 잠재 세력도 있고 대권도 손에 쥐고 있었던 자카리아 모히에딘, 압둘 라띠프 바그다디, 알리 사브리, 카르마이리 후사인 등은 양보 없는 치열한 다툼을 벌였다. 그런데 결국 대통령 자리에 오른 이는 평소 보잘것없었던 사다트였다.

1970년 10월 대통령으로 취임한 사다트는 과거 평온했던 태도에서 180도 바꿔 일련의 개혁과 조치를 대대적으로 펼쳤다. 그는 우선 이색분자를 제거하고 모히에딘, 사브리 등 잠재적 경쟁자들을 해임하거나 좌천시켜 자신의 권력과 지위를 확고히 했다. 이어서 정치적으로는 민주화를, 경제적으로는 개혁 개방을 단행했다. 특히 외교적으로 경이적인 정책을 시행해 세계 정치 무대의 풍운아가 되었다.

일반적으로 의지가 확고한 사람은 어려움과 좌절에 직면했을 때 끈기를 갖고 적극 해결한다. 그러나 나날이 치열해지는 오늘날의 경쟁 사회에서는 열정만으로 섣불리 덤볐다가는 꽃을 피우기 전에 싹이 꺾일 수 있다. 때로는 자신의 재능을 숨기고 함축적인 사람이 되는 방법이 더 효과적이다.

조용히 힘을 길러라

삶과 일에 있어서 때와 장소를 불문하고 자신을 과시하는 사람은 결코 환영받을 수 없다. 특히 새로운 환경에서 충분한 사전조사 없이 남에게 함부로 지시하거나 자신을 드러내려 한다면 호감을 얻을 수 없고 뜻하는 바를 이룰 수 없다.

춘추오패(春秋五霸) 중 초장왕(楚莊王)은 중국 역사상 초나라 발전에 혁혁한 공을 세운 인물이다. 그러나 그는 즉위 후 3년 동안은 아무런 공도 세우지 못했다. 나라 정사는 돌보지 않고 밤낮으로 향락에 빠져 신하들의 의견을 귀담아듣지 않았다. 심지어 자신에게 간언하는 자는 사형에 처한다는 어명을 내렸다. 조정 전체가 살얼음판이었다.

그러던 어느 날 상황을 보고만 있을 수 없었던 대신 성공가(成公賈)가 초장왕을 알현하러 궁으로 들어갔다. 그는 초장왕을 날지 않는 새에 비유하며 3년 동안 왜 꼼짝도 하지 않는지 물었다. 초장왕은 잠시 생각하는 척하더니 대답했다.

"그 새가 남산에 앉아 3년 내내 꼼짝도 하지 않은 것은 자신의 사상과 의지를 확고히 하기 위함이요, 3년 동안 날지 않은 것은 날개가 날 수 있을 만큼 힘을 축적하기 위함이며, 3년 동안 울지 않은 것은 조용히 사태를 관찰하고 세심하게 민심을 살피며 명성과 위엄을 쌓기 위함이다. 비록 3년 동안 날지 않았어도 일단 날개를 펴고 날아오르기만 하면 분명 곧게 충천할 것이고, 비록 3년 동안 울지 않았어도 일단 울기 시작하

면 그 소리가 사방에 울려 퍼져 온 세상 사람이 깜짝 놀랄 것이오. 경의
의도는 내 이미 짐작했으니 인제 그만 마음 놓으시오."

이튿날, 초장왕은 조정에서 나랏일을 보았다. 그는 3년 동안 대신들의
치적을 고찰한 결과에 따라 충성스럽고 유능한 대신 5명을 기용하고,
간사하고 무능한 대신 10명을 파면했다. 초장왕의 기백 있는 결정과 일
처리는 문무백관들을 크게 탄복시켰고, 모두를 기쁘게 했다. 초나라의
백성도 현왕이 탄생했다며 기뻐했다.

이처럼 지혜로운 사람은 나서기에 급급하지 않고, 자신을 드러낼 때에
는 더욱 신중하다. 되레 와신상담하며 재능을 드러내지 않은 채 조금씩
자신을 무장하고 힘과 에너지를 비축한다. 그리고 일단 준비가 되고 시기
가 무르익기만 하면 놀랄 만한 능력을 펼친다.

10장

나아갈 때와
물러설 때를 아는
사람

과거 많은 지조 있는 선비들은 '서서 죽을지언정 무릎 꿇고 살지는 않겠다.'며 강직한 삶을 살았다. 그러나 치열한 경쟁 사회에서 살아남고 싶다면 때에 따라 고개 숙일 줄도 알아야 한다. 잠시 고개 숙이고 양보한다고 해서 나약한 사람이 되는 건 아니다. 실력을 키우고 힘을 축적하면서 때를 기다려야만 강력한 공격과 유리한 반격을 할 수 있다.

고개를
숙일 줄 아는 사람

'고개를 숙인다'는 인생철학이자 성실히 임하는 태도를 말한다. 남에게 떠벌리거나 바라지 않고 원망 없이 근면하게 일하는 자세이다. 고개를 숙일 줄 아는 사람은 교양과 기량이 있어, 높은 위치에 있더라도 교만하지 않다. 이러한 사람들은 이미 인생의 큰 지혜를 얻은 것이나 진배없다. 고개를 숙이는 태도는 자신을 직시하는 계기가 되고, 지금의 자신을 초월하는 기회가 된다.

고개 숙인다고 남보다 못한 사람이 되는 건 아니다

옛말에 '소나 말이 크면 값이 나가지만, 사람이 크다고 값이 나가지 않는다.'고 했다. 대다수 사람들은 거만하고 잘난 체하는 사람을 눈꼴사나워한다. 잘난 척하기 좋아하는 사람은 자신의 인생길을 점점 좁게 만든다. 그들은 늘 다른 사람들이 자신을 경외하고 치켜세워 주길 바라지만 사람들은 잘날 체하는 사람을 경멸하고 피하려 한다. 반대로, 고개 숙일 줄 알고 자신을 낮추는 사람은 많은 이의 마음속에 교양 있는 사람으로 인식된다.

1960년, 에이브러햄 링컨(Abraham Lincoln)은 공화당 신분으로 대통령 선거에 출마했다. 그의 경쟁자는 당시 유명한 대부호인 민주당의 더글러스였다. 모두 알다시피 미국 대통령 경선은 전부 돈으로 만들어진다. 따라서 당시 경선에서 승리할 가능성이 가장 큰 사람은 당연히 귀족 출신의 더글러스였다. 링컨을 지지하는 사람들조차 링컨이 이길 확률은 낮다고 생각했다.

그러나 결과는 뜻밖이었다. 링컨이 승리를 거머쥐었고, 더글러스는 패배의 쓴잔을 마셨다. 연설 중에 으스대고 잘난 체하며 관료주의를 드러낸 것이 더글러스의 실패 요인이었다. 당시 더글러스는 화려한 경선 열차까지 빌려 뒤쪽에 대포 한 기를 설치했고, 지역마다 예포 32발을 쐈다. 동행한 밴드들은 음악을 연주했다. 역대 대통령 경선의 수준을 크게 넘어선 유세활동이었다. 심지어 더글러스는 매우 거만하게 공언했다.

"나는 반드시 링컨, 이 시골뜨기에게 내 귀족 향기를 맡게 해주겠다!"

더글러스와 대조적으로 링컨은 묵묵히 도전을 받아들이며 전용 열차도 없어 매번 표를 구매해 각지를 돌아다니며 연설했다. 어떤 연설 지역에서 그가 탄 교통수단은 친구가 준비한 말이 끄는 경작용 수레였다. 하지만 그의 연설은 훌륭했다.

"사람들이 저에게 재산이 어느 정도냐 묻는다면, 더없이 귀중한 부인과 아들 셋이 있다고 말하겠습니다. 그리고 빌린 사무실 하나가 있습니다. 사무실 안에는 책상 하나, 의자 세 개가 있고, 한쪽 벽 구석에 큰 책장이 하나 있는데 책장에는 누구나 읽을 만한 가치 있는 책들이 꽂혀 있습니다. 저는 정말 의지할 것이 아무것도 없습니다. 유일하게 기댈 곳은 바로 여러분입니다."

결국, 링컨은 민심을 얻어 경선에서 승리했다.

링컨은 적당히 자신을 낮추고 적시에 고개를 숙였기 때문에 사람들의 지지를 얻을 수 있었다.

많은 사람이 고개 숙이는 법을 모르고 살아간다. 그들은 자기 몸값을 높일 방법만 생각하고 있다. 그들의 몸값을 인정해주는 사람은 몇 없을 텐데도 말이다. 능력이 출중하고 넓은 인맥을 가졌더라도 고개 숙이는 법을 모른다면 사람들의 지지는 영원히 얻지 못할 것이다. 고개를 숙인다고 해서 다른 사람보다 못하다거나 비천해지는 것은 아니다. 오히려 고개를 숙일 줄 아는 사람만이 주변 사람들의 존경을 얻을 수 있다.

고개 숙일 줄 모르면 큰코다친다

고개를 숙일 줄 아는 사람은 성공적인 삶에 가까워진다. 고개 숙이는 행동은 인내하는 처세 방법이자, 자신이 가고자 하는 길을 정확히 인지한 행동이기 때문이다. 늘 머리를 꼿꼿이 들고 다니는 사람은 자신은 포장하면서 상대를 존중하지 않아 결국에는 피해를 본다.

'미국 건국의 아버지' 프랭클린의 젊은 시절 이야기다. 그는 덕망이 높은 선배의 집을 방문했다. 당시 젊고 혈기왕성했던 그는 위풍당당한 걸음걸이로 문으로 들어서다가 그만 문틀에 머리를 심하게 찧었다. 손으로 아픈 머리를 문지르면서 그는 자신의 키보다 한 뼘이나 작은 문을 바라보고 있었다. 그때 마중 나온 신배가 그 모습을 보고 웃으며 말했다. "아프겠다! 하지만 이건 오늘 네가 얻은 최대 수확이기도 해. 무사태평하게 세상을 살고 싶다면 머리 숙여야 할 때는 숙여야 한다는 사실을 늘 명심해. 이게 오늘 내가 너에게 하고 싶은 이야기야."
프랭클린은 그때 얻은 교훈을 인생 최대의 재산으로 여기고 평생의 생활 원칙 중 하나로 삼았다. 이 원칙에서 평생의 성과를 얻은 프랭클린은 훗날 뛰어난 업적을 세우고 한 시대의 위인이 되었다. 그는 어느 담화에서 '이 깨우침이 내게 큰 도움을 주었다.'고 밝혔다.

옛말에 '모난 돌이 정 맞는다.'고 했다. 오기가 없어도 안 되지만 늘 머리를 들고 있어서도 안 된다. 산 정상에 오르고 싶다면 머리를 숙이고 허리를 굽혀 올라가야 한다. 굽힐 줄 알아야 펼 수 있고, 부드러울 줄 알아야 강할 수 있으며, 물러설 줄 알아야 나아갈 수 있다는 말이 있다. 고개 숙일 줄 아는 사람이야말로 진정한 처세의 고수다.

사람들은 왜 겸손한 사람을 신뢰하는가

자기 과시를 좋아하는 사람은 다른 사람의 반감만 산다. 겸손해야 신뢰를 얻는다. 겸손한 모습을 보여야 남들이 당신을 위협적인 존재로 보지 않기 때문이다. 겸손은 누구나 꼭 지녀야 하는 미덕이자 성공을 부르는 힘이다. 특히 남들과 대화를 나눌 때 "다시 한 번 자세히 분석해주실 수 있나요?", "조언을 부탁하고 싶습니다!" 등 짧으면서도 공손한 한마디를 할 줄 알아야 한다. 이 몇 마디로 당신은 교양 있고 인정 많은 사람이 되며, 당신을 가까이하고자 하는 사람도 많아진다.

겸손함으로 환심을 사라

살면서 자만하는 사람을 좋게 평가하거나 환영하는 경우는 보기 힘들다. 자신의 관점이나 견해를 겸손한 태도로 이야기하면 불필요한 충돌을 피할 수 있고, 다른 사람의 환심도 쉽게 살 수 있다.

일부 젊고 혈기 왕성한 사람들은 막 직장에 입사한 후 자신을 과대평가하며 겸손함을 멀리한다. 하지만 직장에서 성장하고 싶다면 겸손해야 한다. 당신이 설사 정말 남들보다 뛰어나다 할지라도 재능을 드러내는 정도는 일부 제한해야 한다. 당신이 아무리 자신을 고결하다고 여긴다 해도 동료와 함께 지낼 때는 낮은 자리로 내려갈 줄도 알아야 한다. 이러한 처세의 기술을 모른다면 아무리 능력이 뛰어나도 직장에서 성공하기 어렵다.

겸손해야 월등하다

겸손은 고상한 품성이다. 교양 있는 사람일수록 겸손하다. 그들은 자신감이 넘치고 경청하길 원하며 존중하는 법을 알기에 나설 기회를 기꺼이 남에게 양보한다. 겸손한 사람은 외부로부터 가치 있는 정보를 입수하고 자신을 발전시켜 목표를 향해 끊임없이 나아간다. 인도의 위대한 시인 타고르는 '가장 겸손할 때가 위대함에 가장 가까워지는 때이다.'고 했다.

모 기업의 신입사원 좌담회에서 한 상사가 새로 입사한 사원들에게 인턴 기간에 자신의 업무와 연계해 다양한 의견과 건의를 제시하도록 지시했다.

신입사원 간러칭은 자신을 드러낼 수 있는 절호의 기회라고 생각하고, 수십 페이지에 달하는 건의서를 거침없이 작성했다. 이 건의서를 검토한 상사는 회의에서 간러칭의 활약상을 보고하고 크게 칭찬했다.

그날 이후 간러칭은 업무에 자신감을 얻었고, 아무 스스럼없이 능력을 뽐내며 자신을 과시했다. 업무 능력이 떨어지는 입사 동기가 제때 괜찮은 보고서를 제출하지 못하면 그는 동료를 무시하는 말을 서슴없이 내뱉었다. 이후 주변 동료는 하나둘씩 그를 멀리하기 시작했다.

겸손은 말을 조심하는 데부터 시작된다. 어떤 자리에서든 독선적인 언사나 자신을 과시하는 발언은 자제해야 한다. 장소를 불문하고 자신을 지나치게 표현하는 행동도 지양해야 한다. 사람의 지능은 크게 차이 나지 않는다. 남들이 당신보다 얼마 부족하지도 않다. 당신의 지나친 표현은 망신만 가져다줄 뿐이다. 겸손한 사람만이 남들에게 좋은 인상을 남기고 타인의 신뢰를 얻을 수 있다. 나아가 상대방과 심리적 거리를 줄일 수 있다. 이렇게 쌓은 관계만이 우호적인 방향으로 발전한다.

억울한 일을 당했을 때의 자세

옛말에 '억울한 일을 당해야 완벽해질 수 있다.'고 했다. 우리는 대부분 완벽한 만족감을 얻고 싶어 한다. 그러나 이는 단지 꿈에 지나지 않는다. 현실에서는 적응하고 타협할 수밖에 없는 경우가 훨씬 많다. 〈도덕경〉에서 노자는 '휘면 온전해지고, 굽으면 곧아지며, 파이면 채워지고, 낡으면 새로워지며, 적으면 얻게 되고, 많으면 미혹된다.'고 했다. 즉 억울함을 참아낼 수 있어야 자신을 온전하게 보존할 수 있고, 억울함을 감당할 수 있어야 진리가 발양될 수 있으며, 움푹 파여야 오히려 채울 수 있고, 낡아야 오히려 새로워지며, 적게 취하면 오히려 얻을 수 있고, 욕심을 부리면 오히려 미혹된다는 뜻이다.

억울해야 해탈할 수 있다

불법에서는 다음과 같이 이르고 있다.

"불법을 구하려는 자가 사부의 온갖 질의를 받아들일 수 있으려면 낮은 소리로 겸손하게 말하고 자신의 의견을 굽히고 보전을 꾀해야 큰 덕을 얻고 진리를 추구할 수 있으며 정도를 깨달을 수 있게 된다."

뛰어난 능력과 굳센 의지가 있는 사람은 억울함을 받아들이길 원하고, 억울해야 완벽해진다는 것을 안다. 낮은 소리로 겸손하게 말할 수 있고, 문전박대당하는 것을 두려워하지 않으며, 거절을 두려워하지 않는 사람만이 누에가 나비로 성장하듯 뛰어난 인재가 될 수 있다.

옛날에 강직한 품성으로 아첨하지 않는 대신이 있었다. 그는 무엇이든 있는 그대로 얘기했다. 그 모든 것이 나라를 위해서였지만 그의 직언을 싫어했던 국왕은 그를 멀리 유배시켜 버렸다. 나라와 백성을 위한 일이 벌이 되어 돌아오자 그는 깊은 시름에 잠겼다.

"이토록 불공평한 세상, 살아서 무슨 의미가 있겠는가? 공을 이루지 못할 바엔 호국의 혼이 되겠노라. 자살하자!"

그는 길을 걷다 작은 연못 하나를 발견했다. 죽더라도 깨끗하고 순결하게 죽고자 했던 그는 이 연못이 바로 자신의 그곳이라는 생각이 들었다. 그는 곧 물속으로 뛰어들 준비를 했다. 그때 바람을 쐬러 나왔던 한 노인이 그를 발견하고는 호통을 쳤다.

"젊디젊은 나이에 왜 자살을 기도하느냐?"

그가 노인에게 모든 걸 털어놓자, 천천히 다가온 노인이 연못물을 가리키며 말했다.

"예끼, 역시나 젊은 사람이었구먼. 이 연못물을 보게나. 낙숫물이 댓돌을 뚫듯 저항을 만났을 때 인내를 배울 수 있는 법일세. 산은 움직일 수 없지만 물은 움직이기 때문에 자신을 앞으로 뒤로 회전시키고 우여곡절을 겪으면서 다른 활로를 찾을 수가 있다네. 이것이야말로 생존의 방도이거늘."

노인의 얘기를 듣고 문득 큰 깨달음을 얻은 그는 노인에게 감사를 표한 뒤 조국을 떠났다. 그리고 자신을 높이 평가해주는 왕을 찾아 큰 공적을 세웠다.

억울한 일이 무서운 게 아니라 그 일로 자포자기하는 것이 무서운 것이다. 억울함을 견딜 수 있어야 풍랑을 마주하고 큰 인물이 될 수 있다. 시련은 또 다른 인생의 시작이다. 억울함을 참을 줄 알아야 자신을 온전하게 보존할 수 있다.

억울해야 완벽해질 수 있다

정말 성숙한 사람은 벼와 보리처럼 익을수록 낮게 고개를 숙이고, 쇠처럼 불로 달구고 두드릴수록 단단하게 단련된다. 그러므로 능력 있는 사람이 되고 싶다면 억울함을 참아야 하고, 그래야 한 단계 더 올라설 수 있다.

황한은 박사 졸업생으로, 입사 초기에 상사와 동료는 줄곧 그에게 이렇다 할 일거리를 주지 않았다. 그가 한 일은 서류 복사, 자료 정리 아니면 방문객 접대 정도였다. 황한은 억울했다. 명문대를 졸업한 수재인데 능력을 발휘할 기회를 잡기는커녕 일개 허드레꾼이 되어 있었다.

억울한 생각에 휩싸인 그는 상사와 동료가 자신의 능력을 질투한다고 생각했다. 그는 회사에 악감정이 생기기 시작했고, 평소 출근해서도 기운이 없었다. 경력이 많은 한 선임이 황한의 마음을 읽고는 의미심장한 얘기를 해주었다.

"막 입사한 신입사원들은 모두 이러한 과정을 겪는다네. 마치 억울한 일을 당하는 것처럼 보이지만, 사실은 이러한 방식을 통해 자네와 동료 간의 거리를 좁힐 수 있다네. 회사 환경에 적응할 수 있는 시간도 벌 수 있고, 회사의 이모저모를 파악할 수 있게 되는 거지. 자네의 경력이 아무리 화려하다 할지라도 어쨌든 회사에서는 신입인데 조금 억울하다고 그게 무슨 대수이겠나?"

황한은 깨닫는 바가 컸다. 그리하여 그는 다음 날부터 모두에게 웃으며 아침 인사를 건넸고, 자발적으로 사무실을 청소했으며, 점심시간에는 동료와 즐겁게 식사했다. 또한, 동료에게 적극 업무상 문제에 대한 가르침을 청했고, 늦은 시간까지 남아 각종 문서와 자료들을 끊임없이 연구했다. 동료는 거만하기만 했던 이 수재를 점점 좋아하기 시작했다. 앞으로 이 회사에서 황한의 출세는 순조로울 것이다.

황한은 억울해야 완벽해질 수 있음을 배웠다. 억울함이 있어야만 진

보할 수 있고, 억울함을 배워야 성장할 수 있다. 억울하다는 것은 오기가 없다는 뜻이 아니라 더 큰 출세가 가능하다는 말이다. 방치되어야 물러섬을 알게 되고, 굽혀야 나아감을 알게 되며, 진퇴가 있어야 큰일을 해낼 수 있다.

전략적 후퇴가 전진인 이유

부귀공명을 위해서라면 어떤 일도 서슴지 않고 앞만 보고 달려드는 사람이 있다. 앞에 있는 함정에 빠져 몸이 으스러지고 가루가 될망정, 앞에 있는 두꺼운 벽에 부딪혀 코가 깨지고 얼굴이 부을지언정 그들은 앞만 보고 달린다. 그러나 이때, 전진을 위해 물러섬을 알고 생각을 바꿔 길을 돌아간다면 더 넓은 세상을 만날 수 있다.

"잠깐 참으면 평온무사해지고, 한 발짝 물러서면 사방이 끝없이 넓어진다."

후퇴는 지혜로운 행동이다. 어떤 유혹에도 자만하거나 조급해하지 않고 때를 알고 후퇴할 수 있다면 자신을 흔들림 없이 굳게 지켜낼 수 있다.

인내는 더 나은 생존을 위함이다

인내는 도광양회(韜光養晦 재능이나 명성을 드러내지 않고 참고 기다림)의 전략이다. 인내는 품격이자 사람이 가질 수 있는 최상의 덕목이다. 인내는 사상이라 볼 수 있고 사람됨의 철학이라 풀이할 수 있다.

"자벌레가 몸을 구부리는 것은 몸을 펴고자 함이요, 용과 뱀이 엎드려 있음은 몸을 보존하기 위함이다."

인내는 지금까지 자신을 온전하게 보호하는 방법이었다. 머리를 높이 든다고 승자가 되는 건 아니다. 큰일을 할 수 있는 사람은 늘 때를 기다려 움직이고, 참아야 할 때는 참을 줄 안다. 잠깐의 인내는 방해를 줄이고 장애를 피하기 위함이다. 인내하는 사람은 언젠가는 두각을 나타내니 이는 현명한 처세술이라 할 수 있다.

교향곡의 아버지 하이든이 젊었던 시절, 귀족의 비위를 맞추기 위해 억지로 연주하는 것은 많은 음악가가 꺼리는 행동이었다. 그러나 하이든은 어려운 상황에서 인내를 선택했다. 그는 연주하고 양식을 얻어 살아남았고, 더 많은 시간을 창작에 몰두해 결국 위대한 성과를 거두었다. 넘치는 재능과 천부적인 소질로 사람들을 놀라게 했지만 잠시의 굴욕을 견디지 못하고 소득 없이 세상을 떠난 사람들과 비교하면 하이든의 인내는 더욱 지혜로워 보인다.

인생길에서 무한 직진은 불가능하다. 필요할 때에는 시의적절하게 인내하고 후퇴해야 한다. 굽어야 더 잘 성장하는 히말라야삼나무처럼 말이다. 마치 고양이가 담벼락을 넘을 때 몸을 굽히는 것처럼, 성공하지 못했을 때는 자신의 몸을 굽혀 실패의 담벼락을 넘어야 한다. 활을 당겨 활대를 구부리는 것은 화살을 더 멀리 쏘기 위함이다.

후퇴는 더 나은 전진을 위함이다

사실, 후퇴는 더욱 잘 전진하기 위함이다. '이퇴위진(以退爲進, 물러남으로써 나아간다)'이라는 말에서 '물러남'은 '나아감'의 전조요, 나아가 '도약'을 위한 준비이다. 후퇴는 지략이자 적극적인 방어라고 할 수 있다.

미국 유학 중인 한 IT박사가 졸업 후 여러 유명 기업을 찾아다니며 구직을 했으나 줄곧 능력을 인정받지 못했다. 심사숙고 후 그는 모든 스펙을 접어두고 평사원으로 입사해보자는 생각이 들었다.

얼마 지나지 않아 그는 한 기업에 프로그램 입력 요원으로 채용되었다. 그에게 있어서는 '고사포로 모기를 잡는' 격이었으나, 그래도 그는 진지하게 업무에 임했다. 얼마 후 사장은 그가 프로그램 오류를 찾아낼 수 있는, 일반 프로그램 입력 요원과는 비교할 수 없는 인재라는 것을 알아차렸다. 그러자 그는 학사 학위 증명서를 내보였고, 사장은 그에게 대학 졸업자에 걸맞은 전문적인 업무를 주었다.

그 후 사장은 그가 독특하고 가치 있는 제안을 제시할 수 있는, 일반 대학 졸업자들보다 훨씬 능력이 출중한 인재라는 것을 알게 되었다. 그러자 그는 또 석사 학위 증명서를 내보였고, 사장은 그를 다시 진급시켰다. 또 얼마간의 시간이 지났고, 사장은 그가 예사롭지 않다는 것을 감지하고 그에게 '질의'했다. 그러자 그는 박사 학위 증명서를 내놓았고, 그의 수준을 완전히 파악하게 된 사장은 아무 망설임 없이 그를 중요한 자리에 임용했다.

후퇴의 과정은 종종 사람들이 이용하는 책략이고, 사람들의 최종 목적은 전진이다. 우선 한 발짝 물러서서 다른 사람의 경계심을 없앤 후 기회를 잡아 반격할 수 있다면 최상의 효과를 얻을 수 있다.

반드시 고난 속에서 성장하리라

삶의 길은 평탄할 수 없다. 성장 과정의 길은 늘 울퉁불퉁하다. 시련 앞에 좌절할 수 있으나, 고난 속에서 일어나고 고난 속에서 강해지며 고난 속에서 성장해야 한다. 고난은 무미건조한 삶에서는 겪을 수 없는 소중한 체험이다. 어려움을 극복하고 고난을 즐길 줄 알면 성공은 가까워진다. 고난 속에서 우리는 품격과 교양을 기를 수 있으므로 성장에는 시련이 필요하다.

고난 속에서 마음을 연마하라

고난이 닥쳤을 때 변명하면서 책임을 회피하거나 고통과 절망에 빠져 갈팡질팡해서는 안 된다. 우리에게 상처를 준 고난을 받아들이고 과거의 잘못을 반성하며, 고난에 맞서는 능력을 익혀야 한다. 이러한 훈련과 자기반성을 거치면 고난을 이겨내는 경험을 얻을 수 있고, 참을성과 강인함으로 자신을 무장할 수 있다.

아프리카공화국 최초의 흑인 대통령 만델라는 백인들이 남아공에서 시행한 아파르트헤이트(인종 격리 정책)를 반대하는 운동을 주도하다가 교도소에 갇히게 되었다. 백인 통치자는 그를 대서양에 위치한 한 작은 섬에 가두고, 집단수용소의 함석집에 살게 했다. 매일 아침 그는 많은 사람과 함께 청과시장으로 이동해 막노동했고, 차디찬 바닷물에 들어가 미역을 건져 올렸다. 그 당시 만델라는 엄격한 감시 대상이어서, 밤낮으로 그를 감시하기 위해 세 명의 교도관이 특별히 배치되었다. 이렇게 그는 교도소에서 27년의 세월을 보냈다.

1994년 남아공에서 대통령 선거가 있었는데, 그해 대선에서 만델라가 대통령으로 당선되었다. 취임식에서 만델라가 보여준 행동은 전 세계를 놀라게 했다. 대통령 취임식이 시작되자 그는 세계 각국에서 온 정치 지도자들을 순서대로 소개한 후, 가장 기쁜 것은 그 황량한 섬에서 자신을 감시했던 세 명의 교도관이 이 자리에 함께해준 것이라고 말했다. 만델라는 일어나 세 명의 교도관에게 진심 어린 경의를 표했다.

만델라는 말했다. "제가 젊었을 때는 성격이 급하여 수시로 화를 냈었습니다. 그러나 수감 생활을 하면서 감정을 절제하는 법을 배웠습니다. 조급하게 굴지 말아야 할 때에는 마음을 가다듬어야 살아남을 수 있습니다. 무미건조한 교도소 생활 동안 저는 자신을 돌아볼 수 있었고, 동시에 고난이 닥쳤을 때 고통을 줄이는 법을 배울 수 있었습니다. 교도소 문을 나서서 자유를 향한 첫발을 내디뎠을 때 어떻게 하면 슬픔과 고통을 그곳에 남겨두지 않고 몸에 지닐 수 있을지, 마음의 감옥에서 나와 새 삶을 살 수 있을지 깨달았습니다."

고난은 얻기 힘든 경험이다. 고난을 겪은 사람은 만사가 순조로운 사람보다 운이 좋은 편이다. 고난은 마음을 단련시키는 최고의 수단으로, 마음을 진정시키는 법과 냉철하게 생각하는 법을 터득하게 해준다. 따라서 고난이 닥쳤을 때 비관하거나 실망하지 말고 침착하게 견뎌 새 힘을 얻는다면 화창한 봄을 맞이할 수 있다.

고난 속에서 심신을 수양하라

옛말에 이런 말이 있다.

"하늘이 장차 그 사람에게 큰 사명을 맡기려 할 때는 반드시 먼저 그의 마음을 괴롭게 하고 뼈마디가 꺾어지는 고난을 주며 배고픔과 가난을 겪게 하고 하는 일마다 어지럽게 만든다. 이는 그의 마음에 참을성을 키워 어떤 사명도 감당할 수 있게 하기 위함이다."

하늘이 큰 과업을 위해 고난을 내려 우리의 마음을 단련시키는 것이다. 고난은 앞길을 막는 장애물이 아니라 효과 좋은 훈련 방법이다. 고난은 우리를 넘어뜨리는 주범이 아니라 우리의 성공을 도와주는 독려의 힘이다. 인생길에서 평온무사하고 녹록한 생활은 필요치 않다. 폭풍우에 맞서 용감하게 싸워야 한다. 험한 세상의 시련을 겪어야 우리의 생명이 더욱 아름답고 눈부시게 피어날 수 있다.

영국의 유명 자동차 제조업자 존 아이튼은 어려움에 부닥친 친구에게 자신의 과거사를 이야기한 적이 있다. 어느 외진 작은 마을에서 태어난 그는 일찍이 부모를 여의었고, 하나 있는 누나가 남의 집 빨래나 식모 살이를 하여 그를 먹여 살렸다. 그러나 누나가 시집을 간 후 매형은 그를 의붓자식이라고 미워했고, 결국 외삼촌 집으로 쫓아냈다. 외숙모는 그에게 매우 야박했다. 그가 학교에 다니는 시기에 하루에 한 끼만 먹도록 했고 매일 잔디와 마구간을 치우게 했으며, 실수라도 하는 날에는 굶기 일쑤였다. 졸업 후 그는 외삼촌 집을 떠나 견습공 생활을 시작했으나 안타깝게도 집을 빌리기에는 급여가 터무니없이 적어 밤이 되면 교외의 낡은 창고에서 몸을 숨기고 잘 수밖에 없었다.

이야기를 마치자 친구가 몹시 놀라며 물었다.

"여태까지 네가 이런 얘기를 하는 걸 들은 적이 없어."

아이튼이 웃으면서 말했다.

"별로 얘기할 기회가 없었거든. 고통받고 있는 사람은 하소연할 권리가 없어. 사람들은 고난이 일종의 재산이라고 말하지만, 고난이 재산으로 바뀌려면 조건이 필요하다는 걸 알아야 해. 그 조건은 바로 고난을 이겨내야 한다는 거야. 고난에서 멀어져 더는 고통을 받지 않게 되었을 때 비로소 고난이 진정한 재산이 되는 거지. 다른 사람에게 이야기를 들려줄 때가 되면, 그들은 네가 하소연하고 있다고 느끼지 못하고 그저 네가 강인한 사람이라고 느낄 거야. 그러나 네가 고난 속에서 헤어 나올 방법을 찾지 못한 상황이라면 그때의 이야기는 하소연이 되고, 그때의 너는 고난 속에서 강인함을 배우지 못한 거야."

성공한 사람들은 아이튼처럼 필연적으로 수많은 시련과 고통을 겪었다. 이러한 경험은 오히려 그들을 더욱 강하고 낙관적으로 만들어 영혼과 생각을 한 단계 높여주었다. 고난 속에서 단련된 훌륭한 품성이야말로 그들의 성공에 없어서는 안 될 선결조건이었다. 그들은 반복되는 시련 속에서 성장했고, 그들이 성공했을 때 이러한 고난은 인생의 재산이 되었다.

마음을
얻기 위해
버려야 할 것들

병법에 이르길 '마음 공략은 상책이오, 성을 공략하는 것은 하책이라.'고 했다. 민심을 얻는 심리전이 무력을 써 유혈사태가 벌어지는 싸움보다 낫다는 뜻이다. 인간관계에서도 심리적 전략을 중요하게 여겨야 한다. 주위 사람들과 얼굴 붉히는 일은 피하자. 그들에게 호의와 관심을 보이며 먼저 손을 내밀어보자. 감사하는 마음으로 승리의 열매를 나누고 상대의 자존심을 세워주고 감정을 배려해주자. 당신을 생각하는 상대의 마음에 감사하며 상대에 대한 경계심을 버리자. 진심으로 당신과 친해지려 하는 사람에게는 같은 마음으로 대하자. 싸우지 않고도 이기는 방법이 여기에 있다.

공을 나누면
기쁨은 두 배가 된다

능력이 아무리 뛰어난 사람이라도 혼자만의 힘으로 완벽하게 일을 끝내기는 힘들다. 타인의 도움과 협력이 필요하다. 회사에서도 주위 사람들과 원만하게 잘 지내기를 원한다면 반드시 그들과 공을 나누어야 한다. 존중을 거절하는 사람은 없다. 성공과 영광을 상대와 함께 나누면,

후에 더 큰 것을 얻을 수 있다. 공은 독차지하고 책임은 회피하는 사람은 어디서도 환영받을 수 없다.

자신을 굽혀 마음을 얻자

삼국시대 조조에게는 가후라는 책사가 있었다. 가후는 가벼이 의견을 말하거나 당파를 가르는 일을 하지 않아 조조는 그를 매우 신임했다. 조조의 아들 조비도 가후의 지혜를 높이 평가했다. 어느 날 밤, 조비는 가후를 찾아가 무릎을 꿇고 자신을 구해 달라고 도움을 청했다. 당시 조조는 이미 위왕에 올라 있었고 조비는 왕자였다. 그런 그가 가후에게 무릎을 꿇는다는 건 당시 봉건사회에서는 있을 수 없는 일이었다. 유비의 삼고초려도 조비가 가후에게 무릎을 꿇은 일과는 비교가 되지 않는다.

조비는 이 행동으로 가후의 충심을 얻었다. 그 후 가후는 조비가 조조의 신임을 얻을 수 있도록 조언했다. 또한, 조조의 총애를 받던 조식을 배제시키고 조비가 후계자가 되도록 도왔다.

다른 일화도 있다. 당태종 이세민 집정 당시 형부상서 장량은 모반죄로 옥에 갇혀 있었다. 대신들은 그의 죄가 무거워 당장 사형에 처해야 한다고 주장했다. 그중 소감(少監) 이도유만이 장량이 모반을 꾀했다는 증거가 충분치 않아 죄를 단정 짓기 어렵다고 말했다. 그가 조정에서 장량을 열렬히 변호하자 성급히 죄를 물었던 당태종의 처지가 난처해졌다. 그러나 이미 장량을 의심하고 있던 당태종은 일말의 망설임 없이 장량을 사형시켰다. 이 일로 형부 대랑의 자리가 비게 되자 당태종은 이도유가 엄격하게 법을 집행하니 그를 이 자리에 앉혀야 한다고 했다.

일전에 이도유가 공개적으로 당태종의 의견에 반대했는데도 황제가 집정관으로 이도유를 임명하자 군신들은 황제의 인덕과 아량에 감복했다.

역사 속 두 일화는 마음을 얻는 것이 얼마나 중요한지를 보여준다. 사람의 마음은 화려한 언변이나 금은보화로 얻을 수 있는 게 아니다. 마음을 얻으려면 마음을 써야 한다. 당신이 마음을 쓸 줄 안다면 상대의 진심과 칭송을 얻을 수 있다.

공이 있으면 남과 나눌 줄 알자

'성공은 얼마나 많은 사람을 이기느냐에 있지 않다. 얼마나 많은 사람과 나누고 얼마나 많은 사람을 도왔느냐에 있다.' 당신과 성공을 나누는 사람이 많아질수록, 도움을 주는 사람이 많아질수록 당신의 성공 확률은 높아진다. 큰 성공을 혼자서 얻기는 힘들다. 성공은 많은 이들의 땀과 노력으로 이루어진다. 당신을 도운 타인의 노력을 절대 과소평가하지 말자. 당신이 남과 나눈 성공은 분명 더 많은 기회가 되어 돌아온다.

외국에서 명문대학을 졸업한 샤오링은 유명한 광고회사의 기획부서 직원이다. 회사가 큰 수주를 받자 상사는 신입사원 교육 차원으로 샤오링을 관련 팀에 합류시켰다. 많은 사람의 노력으로 팀은 만족스러운 결과를 얻을 수 있었고, 특히 샤오링의 공이 컸다. 상사는 직원들과 함께하는 축하 자리에서 샤오링을 크게 칭찬했다. 샤오링은 상사에게 자신을 어필하고 싶은 마음에 자신이 얼마나 노력했는지를 떠벌렸다. 마치 자기 혼자서 일을 다 한 것 같은 설명이었다.

그 일로 그를 좋아하는 사람은 줄었고 이미지는 나빠졌다. 그에게 다가오는 사람도 없었고 먼저 말을 걸어도 동료는 들은 체 만 체했다. 한 친구의 조언으로 그는 자신이 무얼 잘못했는지 깨달았다. 그는 이후 비슷한 실수를 하지 않도록 해야겠다고 결심했다.

회사는 또 한 번 큰 프로젝트를 맡게 되었다. 회사는 프로젝트를 이끌어갈 팀을 다시 꾸렸다. 이제 샤오링은 이 팀의 팀장이 되었다. 열흘이 넘는 밤샘과 노력으로 프로젝트는 성공리에 끝났다. 샤오링은 업무 평가 자리에서 겸손한 말투로 성공 뒤에는 모든 이의 노력이 있었다며 공을 주변 사람에게 돌렸고, 동료와 상사의 열렬한 박수갈채를 받았다.

그 후 샤오링은 다른 사람들이 자신을 대하는 태도가 바뀌었다는 사실을 눈치챘다. 이후 업무에서도 그는 모든 성과를 모두와 나누었다. 설사 그가 힘들게 노력해서 거둔 성과라 하더라도 그는 자신의 곁에 있는 동료를 잊지 않았다. 이제 그는 동료 사이에서 인기 좋은 사람이자 상사에게 인정받는 직원이 되었다.

업무에서 좋은 성과를 내는 것은 분명 축하할 만한 일이다. 하지만 한 가지를 명심해야 한다. 좋은 성과는 당신 혼자가 아닌 모두가 땀 흘린 덕분이라는 것이다. 업무에서 성공을 거두면 동료와 그 공을 나눠 가지자. 그렇게 함으로써 당신은 이미 얻은 성과 이상의 성과를 거둘 수 있다. 공을 독차지하면 잠깐은 좋을 수 있지만 분명 가까운 미래에 홀로 고생할 날이 온다.

인생에서는 주인공,
사회에서는 명품조연

잎이 있어야 꽃이 아름답다는 속담이 있다. 꽃이 아무리 예뻐도 잎이 없으면 그 아름다움을 뽐낼 수 없다. 여기서 잎은 조연이지만 꼭 필요한 부분이다. 하지만 인생에서 달갑게 조연을 맡으려는 사람은 좀체 보기 힘들다. 흔쾌히 잎이 되려는 사람이 없다. 다들 꽃 같은 주연이 되기를 소망하지만, 무대에서 주연은 한 사람이다. 하지만 조연 없이 주연 한 사람만으로는 완성도 높은 극을 만들 수 없다. 조연을 하찮게 생각하는 사람은 많지만, 조연을 훌륭하게 소화하는 사람은 드물다. 조연은 뛰어난 연기력도 있어야 하지만, 대범함과 강단 그리고 결연한 의지도 갖추어야 한다. 당신이 주연이 아니라면 온 힘을 기울이는 조연이 되어보는 것은 어떨까? 범상치 않은 '잎'이 되어보자.

훌륭한 조연은 갈채를 받는다

빅토르 위고는 말했다. "꽃은 존귀하고 열매는 달다. 하지만 우리는 평범하고 겸손한 잎이 되자." 만약 당신이 연기자라면 하찮은 배역을 맡은 연기자라 해도 극에 큰 영향을 미칠 수 있다. 주연이 '가장 뛰어난' 자리라면, 조연은 '가장 아름다운' 자리다. 주연과 조연을 차별할 수는 없다.

우리는 닐 암스트롱을 달에 첫발을 내디딘 사람으로 기억한다. 그가 달에 오른 순간 전 세계가 환호했고, 그가 남긴 명언은 많은 이에게 회자되었다.

"한 인간에게는 작은 한 걸음이지만, 인류에게는 큰 도약이다."

그의 말은 누구나 아는 명언이 되었다. 모두 영광을 암스트롱에게 돌렸지만, 그의 곁에는 또 한 사람이 있었다. 바로 착륙선 조종사 올드린이다. 그는 암스트롱보다 한발 늦게 달에 오른 사람이었다.

그 후 달 착륙을 축하하는 기자 간담회에서 한 기자가 올드린에게 뜻밖의 질문을 했다.

"이번 달 착륙 과정에서 암스트롱이 달에 오른 첫 번째 사람이 되었습니다. 이에 유감스러운 점은 없습니까?"

조금 난처한 질문이었지만 올드린은 당황하지 않고 아주 멋진 대답으로 응수했다.

"여러분이 간과하고 있는 사실이 있습니다. 지구로 돌아오는 첫발을 내디딘 사람은 바로 저입니다. 저는 다른 행성에서 돌아온 첫 번째 지구인입니다."

청중은 그의 말에 웃으며 큰 박수로 환호했다.

달 착륙이라는 역사적 사건에서 올드린은 분명 조연이었다. 하지만 그는 이 조연이라는 역할을 훌륭하게 소화했을 뿐 아니라 주연만큼이나 존경받았다. 조연은 아무 이익이 없다고 생각할 수도 있지만, 조연도 분명한 승자다. 조연의 겸손과 노력이 없다면 우승은 불가능하기 때문이다.

조연의 중요성은 주연에 뒤지지 않는다. 주연은 극의 전개 및 캐릭터를 가지고 승부하지만, 조연은 연기력과 내공으로 승부를 봐야 하기 때문이다. 우리는 이 같은 예를 쉽게 찾을 수 있다. 영화나 드라마를 보면 뛰어난 조연들은 하나같이 엄청난 내공을 가진 사람들이다. 언제나 주목받는 사람은 주연이므로 조연은 뛰어난 연기력이 있어야 시청자들의 시선을 잡을 수 있다. 그리고 완성도가 높은 작품에는 언제나 훌륭한 조연이 있었다.

무명초라는 역할

일이나 생활에서 우리는 항상 자신이 출중한 주연이 되기를 원한다. 하지만 주연은 소수다. 삶에서도 우리 대부분은 조연으로 살아간다. 평범한 조연의 역할을 자신만의 개성으로 빛나게 만들어야 성공한 인생이라 할 수 있겠다.

우멍다는 연기 경력 20년이 넘는 유명한 홍콩배우다. 이 긴 세월 동안 그는 한 번도 주연을 맡은 적이 없었다. 하지만 그는 출중한 연기력으로 맡은 역할을 훌륭하게 소화했다. 그는 거지, 교사, 경찰 같은 작은 인물의 희로애락을 절절하게 연기해 깊은 인상을 남겼다. 우멍다는 이렇게 말한다.

"러닝타임 90분에서 조연이 나오는 시간은 20분도 채 되지 않습니다. 주연을 생선에 비유하면 여기서 제 역할은 조미료입니다. 제가 염두에 두어야 할 부분은 어떤 양념을 해야 생선 요리가 맛있어지느냐 하는 것입니다. 냄비 속 조미료가 저인 셈이죠."

한평생 훌륭한 조연을 하기란 쉽지 않다. 조연의 도움이 없다면 주연이 아무리 멋져도 빛날 수 없고, 영화의 매력도 크게 반감된다. 인생도 마찬

가지다.

비즈니스 세계에서는 영원한 적도, 영원한 친구도 없다. 삶에서도 영원한 주연이나 영원한 조연은 없다. 우리는 모두 인생의 주연이자 사회의 조연이다. 당신의 위치가 어디든, 어떤 직위를 맡고 있든 차분한 마음가짐으로 책임감 있게 삶을 꾸려나가는 자세를 배워야 한다. 최선을 다하는 조연의 마음으로 자신이 맡은 바를 다해보자.

우리는 거목이 되기를 바라지 이름 없는 풀이 되기를 바라지 않는다. 물살이 이는 강을 원하지 소리 없이 흐르는 개울을 원하지 않는다. 밝게 빛나는 태양을 원하지 희미한 별이 되기를 바라지 않는다. 하지만 모두가 거목이나 강, 태양을 원한다면 세상은 어떻게 될까? 개울은 이름이 없지만, 그 평온함과 고요함이 매력적이다. 별은 평범하지만, 별이 없는 밤하늘은 상상할 수 없다. 당신이 흔쾌히 조연을 맡을 준비가 되어 있다면 어떤 역할이든 삶은 아름다워진다.

거만함은 벗고, 품격은 입고

사람이 거만해지면 주변은 아랑곳하지 않고 제멋대로 굴게 된다. 이런 사람은 말도 거칠고 품격도 없어 미움을 사기 일쑤다. 더 중요한 점은 자신이 최고라는 착각에 빠져 자기 계발을 게을리하니 도약의 기회마저 잃는다는 것이다. '뛰는 놈 위에 나는 놈 있다.'는 말이 있다. 거만한 사람들은 세상 밖에 더 넓고 다양한 세상이 있다는 사실을 알아야 한다.

거만함을 멀리하자

거만한 사람은 잘난 체하길 좋아한다. 배려라고는 찾을 수도 없다. 자신을 드러낼 자리라도 생기면 허풍을 떨거나 과장하고 심지어 거짓말을 일삼는다. 이런 사람들은 교만하고 으스대길 좋아해 오만방자한 사람, 상종못 할 사람이라는 평가도 받는다.

제2차 세계대전 당시 미국의 명장 조지 스미스 패튼(George Smith Patton) 장군은 부하를 아끼는 마음을 과시하기 위해서 불시에 사병들이 이용하는 식당을 방문했다.

그는 두 병사가 큰 솥 앞에 서 있는 걸 보고는 가까이 가서 큰 소리로 명령을 내렸다.

"내가 맛을 보겠다."

"하지만 장군님……."

병사가 무언가 설명하려 하자 장군은 무섭게 말을 잘랐다.

"하지만은 없다. 빨리 국자를 가져온다."

병사가 그에게 국자를 건넸다. 그는 솥에 담긴 탕을 한 국자 크게 떠서 마셔보고는 버럭 화를 냈다.

"국 맛이 뭐 이런가! 사병들이 정말로 이런 걸 먹는단 말인가? 얼른 버리게! 설거지물 같은 맛이야!"

병사가 대답했다.

"제가 방금 설거지물이라고 말씀드리려 했습니다. 장군님이 정말 마실
줄은 몰랐습니다."

거만함을 버리자. 지위가 높은 장군이라도 남의 말을 경청할 줄 알아야
한다. 지나치게 거만한 사람은 남의 말을 귀담아들을 줄 몰라 큰 손해를
입는 경우가 종종 있다. 자신만 옳다는 편협한 생각과 거드름 피우는 자
세를 버려야 한다. 담담한 자세로 일상을 마주할 수 있으면 인생은 원하
는 대로 흐른다.

수양으로 품격을 빚자

품격 있는 사람은 도량이 넓고 비굴하지 않다. 언행이 바르고 교양이 있
으며 작은 것을 탐하지 않고 다툼을 피한다. 그들에게는 장점이 많지만,
결코 거만하지 않다. 오히려 사람을 끄는 매력이 있어 타인의 인정을 받
고 존중을 얻는다.

저명한 피아니스트이자 작곡가인 차이콥스키(Tchaikovsky)는 미국의
큰 콘서트홀에서 공연할 예정이었다. 관중은 대부분 검은색 연미복과
정장을 갖춰 입은 상류층 사람이었다. 9살 아이를 데려온 어머니도 청
중석에 앉아 있었다. 가만히 있지 못하는 아이가 엄마 곁에서 떨어져
나와 청중들 눈을 피해 무대로 올라갔다. 무대에서 갑자기 〈젓가락 행

진곡〉이 들렸다. 청중들은 웅성대기 시작했다. 불쾌한 눈빛이 일제히 피아노 앞에 앉은 아이에게로 쏠렸다. 격노한 청중들은 소리쳤다.

"아이를 쫓아내지 않고 뭐해요!"

"이런 곳에 누가 아이를 데려온 거야?"

"애 엄마는 어디 있어?"

무대 뒤에 있던 차이콥스키는 무대 상황을 고스란히 들을 수 있었다. 그는 뭔가 사건이 터졌다는 직감이 들었다. 그는 외투를 낚아채 무대 위로 올라갔다. 그는 아이를 꾸짖지 않는 대신 아이 뒤로 가 두 손을 피아노 위에 올리고서는 함께 젓가락 행진곡을 연주했다. 함께 연주하면서 차이콥스키는 아이의 귀에다 대고 속삭였다.

"멈추지 말고 계속 연주해! 계속하는 거야, 멈추지 말고 계속!"

곡을 마치자 우레와 같은 갈채가 쏟아졌다. 아이의 엄마도 울고 있었다.

차이콥스키는 훌륭한 인격과 고매한 품성을 가진 사람이다. 이런 품격과 교양을 가진 사람이라면 많은 사람에게 존중받을 것이다.

질투심을 버리면 친구를 얻는다

친구 없이 외톨이로 살아가는 사람은 없다. 하지만 친구 사이라면 다툼이나 오해는 피해 갈 수 없다. 이해할 만한 이유가 있든 잘못된 오해이든, 이런 상황이 생기면 우정에 금이 갈 수 있다. 아무리 순결한 우정이라 해도 시기나 질투가 생기면 그 우정은 빛을 잃는다. 친구 사이라면 질투심을 멀리해야 오래도록 우정을 쌓을 수 있다.

우정에 있어 질투는 독약이다

질투는 교우 관계에서 가장 큰 불행이자 독약이다. 하지만 파괴력은 그 어느 무기보다 뛰어나다. 일단 우정이라는 감정에 질투의 싹이 트면 우정은 만신창이가 된다. 질투의 힘을 얕잡아 봐서는 안 된다.

미국 플로리다주 바닷속에는 거대한 게와 투구물고기라는 기이한 두 생물이 살고 있었다. 투구물고기는 머리에 투구 모양 같은 볼록한 것이 달려서 행동이 매우 불편했다. 그 탓에 몇 분만 움직여도 꼭 멈춰 쉬어야 했지만 감각기관만큼은 아주 예민했다. 게는 동작이 민첩하고 사냥을 잘하지만 안타깝게도 감각기관 반응이 느렸다. 그래서 이 둘은 함께 협력해서 먹잇감을 사냥했다. 전자는 방향을 지시하고 먹이를 꾀어내는 역할을 맡았고, 후자는 사냥하는 역할이었다.

먹이가 많은 계절에는 둘의 사이가 매우 좋았지만, 먹이가 부족해지자 문제가 생겼다. 투구물고기가 알려준 방향에서 먹이가 안 잡히면 게는 투구물고기가 자신을 골탕먹이려 한다고 생각해 투구물고기를 공격했다. 투구물고기는 본능적으로 피하려 했지만 움직이기가 쉽지 않았고 계속 게에게 출로가 막혔다. 그렇게 싸우다 결국 둘은 함께 자멸했다.

우리 삶에서도 유사한 상황은 종종 벌어진다. 대다수는 협력이 양측 모두에게 좋다는 사실을 알지만 믿음을 간과한다. 믿음이 있어야 협력이 성공과 승리로 이어질 수 있다. 그렇지 않으면 우리는 상대를 시기하고 헐뜯다 성공도 놓치고 우정도 잃는다.

한 위인이 말했다.

"질투는 박쥐와 같아서 어두운 밤에만 날개를 편다."

우리는 종종 과도하게 예민하게 구는 사람들을 만난다. 그들은 근거 없는 추측으로 남을 시기 질투하고, 믿어야 할 사람을 의심하고, 믿지 말아야 할 사람을 믿는 실수를 저지른다. 그들은 질투에 눈이 멀어 이성을 잃고 적과 아군도 구별 못 해 엄청난 대가를 치른다. 그들의 삶은 빛 한줄기 없는 깜깜한 지옥이다. 그들이 잃은 것은 빛만이 아니다. 감사하는 삶에서 오는 행복과 살고자 하는 에너지도 함께 잃어버린다.

질투심을 버리고 친구를 존중하는 바른 처세의 길을 걷자.

믿음은 관계의 윤활제다

믿음은 관계를 따뜻하고 즐겁게 만든다. 우정에도 믿음이 필요하다.

기원전 4세기 이태리에 피시아스라는 청년이 있었다. 그는 국법을 어긴 죄로 교수형을 받았고, 형 집행까지는 6개월이 남아 있었다. 피시아스는 죽음이 두렵지 않았지만, 어머니가 걱정되었다. 그는 죽기 전에 어머니에게 마지막 작별인사를 하고 싶었다.

이 사연을 들은 국왕은 그가 멀리 있는 어머니를 보고 올 수 있도록 허락해주었다. 단, 그가 어머니를 보고 오는 동안 그를 대신해 교도소에 있을 사람을 구하라는 조건을 걸었다. 누가 교수형을 당할 위험을 감수하면서 교도소에서 기다려줄 수 있을까? 만약 피시아스가 돌아오지 않으면 어떻게 될까? 하지만 그를 대신해서 교도소에 있겠다는 사람이 있었다. 바로 그의 절친한 친구 다몬이었다.

다몬이 교도소에 들어가자 피시아스는 어머니를 만나러 고향으로 돌아갔다. 피시아스는 두 달 후 돌아오겠다고 약속했지만 넉 달이 지나도록 돌아온다는 기별조차 없었다. 형 집행 날짜가 코앞으로 다가왔다. 사람들은 다몬이 속았다며 그를 비웃었다.

반년은 그렇게 가버렸다. 피시아스는 돌아오지 않았고, 다몬은 그를 대신해 죽어야 했다. 형이 집행되는 날은 비가 내렸다. 다몬이 형장으로 끌려가는 모습을 보며 그를 동정하는 사람도 있었지만 다몬이 어리석은 짓을 했다고 비웃는 사람도 있었다. 하지만 다몬의 표정은 결연했다. 사형 집행인이 다몬의 목에 밧줄을 걸고 형이 집행되려는 찰나였다.

피시아스가 비를 뚫고 달려오면서 소리쳤다.

"제가 왔습니다. 다몬 내 친구여! 내가 돌아왔네."

피시아스와 다몬은 서로를 꼭 끌어안았다. 피시아스는 돌아오는 도중 예상치 못한 사고로 시일이 늦어졌고 겨우 제시간에 도착할 수 있었던 것이다.

형 집행인이 다몬의 목에 있던 밧줄을 피시아스의 목에 걸었을 때 국왕이 형장으로 들어와 피시아스를 풀어주고 죄를 사했다. 그리고 친구 다몬에게 큰 상을 내렸다.

감동적인 이야기다. 다몬은 죽음도 갈라놓지 못할 영원한 우정과 국왕의 존중을 얻었다. 남에게 주는 믿음으로 우리는 자신을 완성하고 해방을 얻는다.

질투심을 버리고 믿음을 쌓으면 오해와 다툼은 줄고, 우리가 바라는 진정한 우정을 얻을 수 있다. 질투심을 몰아내면 마음은 밝아지고 세상은 아름다워지며 삶은 즐거움과 행복으로 채워진다.

빈틈을 보인다는 것의 의미

내 뜻대로 다 되는 세상은 좋은 게 아니다. 어려움 속에서도 융통성 있게 대처할 수 있는 지혜야말로 우리가 누릴 수 있는 가장 큰 복이다. 빈틈을 내어주는 것도 지혜 중 하나다. 인생은 험난한 여정이다. 순풍에 돛 단 듯 평온히 흘러가는 삶이란 없다. 언제 빈틈을 보여야 할지 모르는 사람은 절대 인생의 승자가 될 수 없다. 빈틈은 후퇴도 아니고 약점도 아니다. 더 큰 도약을 위한 준비과정이다.

완벽한 사람은 고꾸라진다

빈틈을 보인다는 것이 어려움 앞에서 물러난다거나 좌절 속에 무너진다는 것은 아니다. 이는 삶을 대하는 겸손한 태도이다. 적절한 때를 안다는 것은 지혜롭게 나아가야 할 때를 판단해 양보가 필요할 때 적절한 양보를 할 줄 아는 것이다.

작은 성공으로 오만하고 무지하며 저속한 느낌을 주는 사람도 있지만 큰 성공을 거두고도 진중하고 고상하며 겸손한 사람이 있다. 성공 앞에서도 빈틈을 보일 줄 알아야 한다. 오만하거나 교만하지 않고 계속 노력하며 앞으로 나아갈 줄 알아야 더 큰 도약을 이룰 수 있다. 이런 사람만이 많은 사람의 존중을 얻을 수 있다. 실패 앞에서도 마찬가지다. 빈틈을 내어줄 수 있어야 한다. 제자리로 와서 가만히 생각해보거나, 한 보 뒤로 물러나 고민해볼 수 있는 그런 빈틈이 있어야 한다. 이는 인생을 적극적으로 살아가기 위한 바른 삶의 자세이다.

빛 좋은 어느 날 오후, 아름다운 나비 한 마리가 열려 있는 창을 넘어 방으로 날아 들어왔다. 그 날갯짓이 아름다운 춤사위 같아 집 안에 있는 사람들은 눈을 뗄 줄 몰랐다. 아름다운 춤 같던 날갯짓은 얼마 지나지 않아 방향을 잃은 어지러운 움직임이 되었다. 나비는 나가기 위해 필사적으로 날아올랐다. 창은 활짝 열려 있었지만, 나비는 찾지 못했다. 더 높이 날려고 애쓰던 나비는 그만 천장에 부딪혀 천천히 바닥으로 떨어졌다.

아름다운 나비는 전력을 다해 더 높이, 더 빨리 날아오르며 출구를 찾았다. 하지만 조금 낮게 날았으면 열려 있는 창문을 찾아 바깥세상을 누볐을지도 모른다. 우리 삶에서도 이 나비 같은 사람이 적지 않다. 그들은 고개 숙일 줄 몰라 밝은 미래를 놓친다. 견딜 수 없을 만큼 스트레스가 많을 때는 적당히 내려놓을 줄 알아야 한다. 강직함도 좋지만, 항상 고개를 들고 걸으면 발아래 돌부리를 보지 못해 넘어질 수 있다.

역사 속에서도 우리는 이런 예를 볼 수 있다. 유방은 뛰어난 장수였던 항우와 비교하면 정말 볼품없는 인물이었다. 하지만 한신과 소하는 항우를 버리고 유방을 택했다. 왜 그랬을까? 한미한 가문이었던 유비에 비하면 조조는 제왕의 기개를 가졌음에도 관우와 장비는 왜 유비를 따랐을까? 관우는 조조에게 잡혀 포로가 되었을 때도 일편단심 유비만을 따르며 조조의 유혹에 흔들리지 않았다. 유비에게는 어떤 매력이 있었던 것일까?

사실 유비와 유방은 둘 다 뛰어난 인물이었다. 그들은 자신의 빈틈을 남에게 보일 줄 알았다. 두 사람은 바닥부터 시작해 한 발 한 발 정상에 오른 인물이다. 그들은 자신들의 원대한 포부를 나누며 도움을 요청할 줄 알았다. 뜻대로 되지 않는 상황을 인정하고 적당한 때를 기다리고 있다고 설득했다. 그들을 돕는 사람들은 그들과 함께함으로써 과업을 이루는 중요한 사람이 될 수 있었고, 동시에 유방과 유비보다 더 대단하다는 우월감을 느낄 수 있었다.

하지만 항우와 조조는 정반대의 인물이었다. 이 두 사람은 천하를 가슴에 품은 굽힐 줄 모르는 영웅이었다. 그들은 자신만만했다. 노력만 한다면 뜻을 이룰 수 있다는 생각에 사로잡혀 있었다. 이런 사람들 곁에 있으면 큰 압박감에 눌려 열등감에 빠지기 쉽다. 곁에 있는 사람들이 떠나는 가장 큰 이유다.

우리네 삶도 마찬가지다. 강한 모습을 보인다고 해서 진정한 강자가 되는 건 아니다. 빈틈을 감추려는 시도가 자신의 약점을 폭로하는 상황이 될 수 있다. 상황에 따라서는 용감하게 빈틈을 보이는 행동이 지혜로울 수 있다. 약한 모습이 때로는 큰 에너지가 되어 놀랄 만한 기적을 만든다.

빈틈을 보이는 자 마지막에 웃는다

삶에서 빈틈을 보이는 것은 두렵거나 피하고 싶어서가 아니다. 몸을 낮춰 타인의 의견과 훈계를 경청하고자 하는 자세이다. 때가 아닐 때는 몸을 숨기고 힘을 비축할 줄 알아야 한다. 그리고 때가 오면 비축한 힘을 한번에 쏟아낼 수 있어야 최후의 승자가 될 수 있다.

남아메리카 주 에콰도르의 우림에는 알로카시아라는 식물이 있다. 좀나방과의 유충들은 이 식물의 잎에 알을 낳는다. 이 벌레 알이 잎의 영양분을 흡수하면 잎은 시들해지고 이런 잎이 많아지면 알로카시아는 결국 말라 죽는다.

좀나방의 피해를 줄이기 위해 알로카시아는 일부러 약점을 드러낸다. 좀나방이 습격하면 식물의 영양 상태가 좋지 않아 보이는 반점을 잎 표면에 만들어낸다. 반점이라는 속임수로 위기를 넘기는 것이다. 이 위장술 때문에 좀나방은 잎에 산란하지 않고, 알로카시아는 계속 삶을 연장할 수 있게 된다.

진정한 강자는 약점을 보일 줄 아는 사람이다. 강자가 약자와 같은 자세를 취하면 겸손하고 진중해 보여 타인의 호감을 쉬이 얻을 수 있으니 강자는 더 강해진다. 그리고 이런 강자와 지내는 약자는 그의 태도로 위안을 얻고 자연스럽게 강자의 위인 됨을 배울 수 있다.

강함과 부드러움을 적절히 사용하며 빈틈을 보여야 자신도 지키면서 승자의 위치를 점할 수 있다. 용감하게 약점을 드러낼 줄 아는 사람은 도량이 넓고 인간미가 넘친다. 마지막에 웃을 수 있는 진정한 승자는 이런 사람이다.

인생에서 체면 따윈 벗어던져라

우리 주변에는 체면을 지키려다 스스로 수렁에 빠지는 사람들이 있다. 이런 안타까운 일을 겪는 원인은 그 잘난 체면에 목숨을 걸었기 때문이다. 체면을 버려보자. 일이 순조롭게 돌아간다.

체면을 버리면 새로운 활로가 열린다

체면을 중요하게 여기는 사람이 많다. 체면은 행동을 제어하는 효과가 있지만 지나치게 체면을 중시하면 이해득실만 따지는 허영심 많은 사람이 되기 쉽다. 체면을 벗어던져야 일이 수월해진다.

'크레이지 영어'의 창시자 리양은 수줍음이 많고 사람들과 이야기하길 꺼리는 청소년이었다. 집에 전화가 울리면 그는 숨기 바빴고 손님이 와도 얘기를 나누는 일이 없었다.

대학생이 되어도 그의 성격은 바뀌지 않았다. 그는 다른 사람과 쉽게 이야기를 나누지 못했다. 자기를 이상하게 보지는 않을까 항상 노심초사했다. 성적도 좋지 않았는데, 그중 영어 성적은 최악이었다. 2학년 때 그는 대학영어시험 4급을 신청했다. 공부하지 않으면 합격은 힘들었다. 매일 아침 그는 캠퍼스 내에 있는 조용한 숲으로 들어가 큰 소리로 영어 교재를 읽었다. 이렇게 공부했더니 암기가 쉽고 회화 실력도 좋아졌다.

이제 리양은 매일 숲에서 영어 낭독을 했고 실력은 빠르게 늘었다. 4급 시험도 어렵지 않았다. 이 일을 계기로 그는 성공하려면 체면은 버리고 크게 소리 내서 말해야 한다는 사실을 깨달았다. 이때부터 그는 많은 사람 앞에서 당당하게 큰 소리로 이야기할 수 있게 되었다.

우연한 기회로 그는 자신의 영어공부 비결을 강연할 기회를 잡았다. 강연장에서 리양은 사람들의 시선에도 움츠러들지 않고 자신만의 페이스를 지키며 이야기를 해나갔고, 강연은 예상치 못한 큰 성공을 거두었다. 이 강연에서 그는 이렇게 말했다.

"저는 쪽팔리는 상황을 즐깁니다."

내성적인 아이가 '크레이지 영어' 창시자로 변모할 수 있었던 큰 깨달음이자 성공비결이었다.

당신은 이제 체면을 벗어던지면 많은 일이 쉽게 처리된다는 사실을 알게 되었다. 체면이라는 굴레에서 벗어나면 어려운 문제들이 술술 풀리고 삶은 가뿐하고 편해진다.

체면을 벗으면 성공은 빨라진다

체면은 사실 별것 아니다. 순조로운 일 처리를 바란다면 체면을 버릴 줄
알아야 한다. 자신을 이해시킬 수 있는 삶의 방법을 끊임없이 찾아가는
자세가 필요하다. 성공한 사람들의 일화를 보면 체면은 중요하지 않았다.
다른 사람을 도와주는 정도로는 타인의 찬성과 공감을 끌어내기 어렵다.
다른 사람이 못하는 일을 해낼 수 있어야 하고 자신의 영역에서 큰 업적
을 이루어야 한다. 줏대 있는 사람은 남을 따라 행동하지 않고 자신의 부
족한 점을 용감하게 인정한다. 부질없는 체면 때문에 자신을 잃지 말아야
하겠다.

나이가 쉰에 가까운 영업사원이 있었다. 젊었을 적에 그는 영업해본 적
도 없었다. 사람들은 그가 나이가 많으니 체면을 중요시 하고 남의 거
절을 쉽게 못 받아들일 거라 생각했다. 하지만 일 년 반 만에 그는 지역
최고 기록을 세운 영업사원이 되었고, 그 기록은 한동안 깨지지 않았다.
그에게 비결을 물었다.
"성공비결이 무엇입니까? 거절이 두렵지 않았나요?"
그는 웃으며 대답했다.
"저 같은 영업사원들은 고객의 거절을 두려워하지 않습니다."
궁금증은 풀리지 않았다.

"고객이 거절하거나 차갑게 대할 때 어떤 생각이 들었습니까? 체면이 깎인다는 생각이 들지 않았나요?"

그가 말했다.

"거절은 고객의 권리라고 생각합니다. 온전히 고객이 결정해야 하는 일이죠. 하지만 체면이 깎인다고 느끼는 일은 저의 일이었습니다. 고객이 어떤 결정을 하던 제 체면과는 상관이 없다고 생각했습니다. 저는 제 설명이 부족해서 고객이 상품을 잘 모르는 게 아닐까 걱정만 했습니다. 고객이 잘 모른다면 저는 알 때까지 설명을 계속했습니다."

누구나 체면은 있다. 하지만 체면을 차리려다 고생하거나 일의 현장에서 운신의 폭이 좁아질 수 있다. 체면을 지키려고 고통을 감수하는 방법은 어리석기 짝이 없다. 삶에서 체면은 목적이 아니다. 성공과 행복이라는 목적을 이루려면 무슨 일을 하더라도 체면이 깎인다는 생각은 하지 말자. 그리고 제 살을 깎아가면서까지 체면을 지키려는 어리석은 일은 절대 하지 말자.

12장

대범하게
행동하고
담대하게 맞서라

희로애락은 삶을 위한 훈련이다. '아픈 만큼 성숙해진다.'고 했던가. 경험은 당신을 단단하고 용감하게 만든다. 삶의 여정에서 겪게 되는 좋고 나쁜 순간을 넓은 마음으로 대하다 보면 먹구름은 지나가고 서광이 비칠 것이다.

어떤 고난이든
담대하게 맞서라

큰 시련과 많은 부침이 있어도 항상 해결책은 있다. 마음을 편하게 먹고 출구를 찾아보자. 의욕이 들지 않더라도 슬퍼하거나 절망에 빠지지 말자. 마음을 넓게 가지고 태연한 자세로 그 순간을 맞으면 희망과 의욕은 꼭 돌아온다.

이미 일어난 일이라면 받아들이자

살다보면 어쩔 수 없는 순간도 있고 불행한 일도 있다. 이런 상황은 우리가 미리 알 수도 없고 손해를 보더라도 되돌릴 수 없다. 이미 일어난 일이라면 태연하게 받아들이자. 내일은 내일의 태양이 뜬다. 내일도 삶은 계속된다. 당신이 할 수 있는 일을 하자. 이것이 당신에게 주는 가장 좋은 치유법이다.

작가 토머스 칼라일(Thomas Carlyle)과 역사학자 존 스튜어트 밀(John Stuart Mill)은 절친한 친구 사이였다. 칼라일는 40세가 되어서야 인생의 첫 번째 책을 완성할 수 있었다. 그는 자신의 친구가 첫 번째 독자가 되어줬으면 하는 마음에 원고를 존에게 보여주었다. 당시 존은 꽤 이름이 알려진 학자라 읽어야 할 원고가 많았지만, 그는 모든 원고를 젖혀두고 서재에 나흘 동안이나 틀어박혀 친구의 원고를 꼼꼼하게 읽어 내려갔다. 존은 자신의 친구가 대단한 작품을 썼다는 사실에 흥분을 감출 수가 없었다. 그는 정원으로 나와 다시 한 번 이 위대한 작품에 대해 생각해보았다.

그렇게 그가 작품에 심취해 있을 때 불행이 찾아왔다. 그가 서재를 나간 후 열려 있던 창문으로 들어온 바람이 원고를 날려버렸고, 후식을 가져온 하녀가 이 종이를 쓰레기로 알고 태워버렸다.

이튿날 존은 칼라일에게 이 불행한 소식을 전했다. 그의 마음은 고통과 미안함으로 가득했다. 이 소식을 들은 칼라일은 순간 아무 말도 할 수 없었다. 존의 창백한 얼굴에는 불안과 두려움이 가득했다. 잠시 마음을 가라앉히고 칼라일은 존을 위로했다.

"친구, 난 괜찮아. 그렇게 슬퍼하지 말게. 이미 일어난 일을 바꿀 수는 없지만, 이 일로 인한 피해는 줄일 수 있어. 나는 오늘부터 이 책을 다시 쓸 거야."

그 후 칼라일은 엄청난 집중력으로 원고를 완성했고, 이 위대한 작품은 무사히 세상에 나올 수 있었다.

원고가 타버린 사실을 태연하게 받아들인 칼라일의 태도가 위대한 작가를 만들었다. 칼라일의 수많은 저서는 세상에 지대한 영향을 미쳤으니 그는 분명 성공한 작가이다. 그리고 인물의 됨됨이를 놓고 보더라도 그는 범상치 않은 인물임이 틀림없다. 불행 앞에서 하늘을 원망하거나 책임을 남 탓으로 돌린다면 아무것도 이룰 수 없다. 우리는 자신에게 닥친 악몽 같은 일도 담담하게 받아들일 줄 알아야 한다. 인생지사 새옹지마다. 긍정적인 마음가짐이 있다면 아무리 큰 악운도 벗어날 수 있다.

희망을 잃지 말자

무슨 일이 있더라도 망연자실한 마음이 당신의 영혼까지 침범하게 두어서는 안 된다. 바꿀 수 없는 현실에 가혹한 운명이라면 담담한 자세로 웃어넘겨 보자. 운명이 조종하는 대로 두라는 이야기가 아니다. 곤경 속에서도 우리가 할 수 있는 일을 하면서 운명과 맞서자는 뜻이다. 역경 속에서도 이상을 추구할 줄 아는 사람만이 가치 있고 의미 있는 삶을 살 수 있다.

스티븐 호킹(Stephen William Hawking)은 영국 옥스퍼드에서 태어났다. 유년기에 수학과 물리에 천부적인 재능을 보였던 그는 옥스퍼드 대학에서 뛰어난 성적으로 학업을 마치고 자연과학대학 1등이라는 영예로운 졸업을 했다. 하지만 언제부턴가 호킹은 자주 넘어지고 몸이 마음대로 움직이지 않게 되었다. 스물한 살이라는 젊은 나이에 그에게 불행이 닥친 것이다. 병명은 루게릭이었다. 점차 악화되는 병이고 수명이 얼마 남지 않았다는 사실을 알리는 것 외에 달리 의사가 할 수 있는 일은 없었다. 호킹은 자신이 불치병에 걸렸다는 사실을 알았을 때 충격으로 자살까지 생각했었다. 하지만 그는 생각했다. 남아 있는 시간 동안 뭔가 의미 있는 일을 할 수 있겠다는 희망이었다. 비록 미래는 어두웠지만, 그는 긍정적인 마음으로 남은 삶을 잘 살아보겠다는 결심을 했다.

그 후 그는 끊임없는 노력으로 특이점 정리를 증명해냈고 블랙홀 증발 이론을 내놓았다. 그가 쓴 〈시간의 역사〉라는 책은 전 세계에서 가장 잘 팔리는 베스트셀러 중 하나가 되었다.

얼마 뒤 그는 또 폐렴으로 인한 기관지 절제 수술을 받으면서 말을 잃었다. 24시간 그를 간호할 사람도 필요했다. 그는 휠체어에 소형 컴퓨터를 설치하고 음성 합성기를 통해서 외부와 소통했다. 그는 포기를 몰랐다. 시련과 고난이 있더라도 자신이 할 일을 찾아 할 수 있는 긍정 마인드만 있다면 좋은 변화가 찾아온다는 사실을 믿었다. 그는 다른 환자들에게 이렇게 권고한다.

"목숨이 붙어 있는 한 희망은 있다."

용감하게 운명과 맞서 싸우는 사람에게는 분명 할 수 있는 일과 해낼 수 있는 능력이 있다. 호킹은 이런 신념으로 삶의 가장 큰 시련과 고난을 극복하고 위대한 업적을 남겼다. 인생에서 우리는 지킬 것이 있고 해야 할 일이 있다. 운명에 맞서자는 결심과 용기로 도전한다면 설사 지는 싸움을 한다 하더라도 후회는 없을 것이다.

이해는 세상을 따듯하게 만든다

살다 보면 일이 마음대로 안 될 때도 있고, 마음에 들지 않는 사람도 만나기 마련이다. 이때 타인을 이해하는 마음이 없으면 삶은 피로하고 고통스러워진다. 타인을 이해하려면 포용과 관용이 필요하다. 남을 이해할 수 있는 사람만이 즐거워질 수 있다는 말을 기억하고 살아가자.

인생이라는 긴 여정에서 우리는 다양한 사람들과 함께한다. 이해는 서로 이어주는 감정의 끈이며, 나와 그들 사이에 따듯한 정을 전하는 행동이다. 삶은 이해로 더 따듯하고 평안해질 수 있다.

농촌에서 태어난 리우전은 중학생이다. 유년 시절부터 부모가 타지로 나가 일을 했기 때문에 그는 가정교육을 제대로 받지 못했다. 공부가 싫었던 그는 인터넷이라는 늪에 빠져버렸다. 하루는 PC방에 갈 돈이 없자 나쁜 생각이 들었다. 시내를 어슬렁거리다 한 여성이 다른 곳에 신경을 쓰는 사이 그녀를 밀치고는 가방을 훔쳐 달아났다. 하지만 도망가던 중 경찰에게 잡히고 말았다.

경찰은 리우전이 범죄를 저지른 동기가 무엇인지 자세히 물었다. 그리고 부모와 이야기를 하던 도중 그의 성장배경과 가정환경을 알게 되었다. 경찰은 선도를 통해 이 청년을 교화시켜야겠다고 결심했다. 우선 피해자에게 연락해 청년의 상황을 설명하고 선처를 부탁했다. 그는 피해자에게 가해자와 대면할 수 있는 자리를 마련하겠다고 약속했다. 이 여성은 경찰의 건의를 흔쾌히 받아들여 리우전과 마주 보고 앉아 이야기를 나누었다. 리우전은 자신의 이야기를 들어주고 용서를 넘어 선뜻 도와주겠다고 나서는 여성 앞에서 후회의 눈물을 흘렸다. 전에는 느껴보지 못했던 따뜻한 마음이 전해졌다. 그는 그 자리에서 새사람이 되겠다고 마음먹었다.

근거 없는 오해나 편견이 우리의 발목을 잡을 때가 있다. 불공평한 대우를 당하거나 타인의 악의로 상처 입는 일이 비일비재하다. 우매한 사람은 자신이 당한 만큼 되갚아 주자고 마음먹어 일을 수습할 수 없을 만큼 크게 만들어버린다. 하지만 지혜로운 사람은 너그럽게 용서하고 즐겁지 못한 기분을 떨쳐버린다.

포용은 타인의 반대를 너그럽게 받아들이고 다투지 않으려는 도량이자 타인의 장점을 먼저 보려는 마음가짐이다. 그 과정에서 우리는 삶의 자양분을 얻고 상대에게 감동을 준다.

가끔 우리는 우리도 모르는 사이에 남에게 상처를 준다. 억울하게 타인에게 해를 입는 일도 있다. 상처는 분명 아픔을 수반한다. 당신이 아무 이유 없이 타인에게 상처입거나 질책을 당했다면 넓은 마음으로 넘겨보자. 상대를 용서 못 할 이유가 만 개쯤 있다고 하더라도 말이다.

상처 준 사람을 과감하게 용서하자. 당신의 마음은 평안을 얻을 수 있다.

완벽하지 않음을 사랑하라

인생이 완벽할 수는 없다. 백옥 같은 피부, 날씬한 몸매, 출중한 외모를 모두 가질 수는 없다. 신체적인 장애가 있을 수 있다. 어떤 이들은 자신의 결점 때문에 전전긍긍하며 항상 우울하다. 자신의 인생은 왜 이럴까 비관하기도 한다. 하지만 겉으로 보이는 부족함이 당신이 가진 가장 아름다운 부분일 수 있다.

부족함을 받아들일 줄 아는 사람

사람들은 저마다 다른 부족함을 가지고 있다. 만약 당신이 자신의 부족한 부분 때문에 슬프다면 아마 자신의 결점과 남의 장점을 비교하고 있기 때문일 것이다. 세상에 완벽한 사람은 없다. 유명한 영화감독인 펑샤오강(馮小剛)은 딸의 성인식에서 이런 말을 했다.

"사랑하는 딸아, 이제 진정한 인생을 만날 때구나. 인생은 네 생각만큼 공평하지 않단다. 세상에 완벽이란 없단다. 삶의 진실 된 이면을 마주하고 부족함을 인정하는 법을 배워야 한다."

이반이라는 청년은 체호프(Chekhov, 러시아 소설가)가 한 말이 매우 마음에 들었다.

"이미 살아온 인생이 초고라 고쳐 쓸 기회가 있다면 얼마나 좋을까."

그는 신에게 자신의 인생을 몇 개의 원고로 써달라고 기도했다. 신은 잠시 생각했다. 체호프의 체면도 지켜주고 이반의 염원도 들어주자는 생각에 신은 이반이 배우자를 만나는 부분에 몇 가지 원고를 준비했다. 결혼 적령기가 된 이반은 아름다운 여성을 만났고 그녀도 그가 마음에 들었다. 이반은 이상형을 만났다는 생각이 들어 그녀와 결혼했다. 얼마 지나지 않아, 이반은 그녀가 용모는 예쁘지만 대화가 힘들 만큼 멍청하다는 사실을 알게 되었다. 그는 자신의 첫 번째 원고를 없애버렸다.

이반의 두 번째 짝은 출중한 외모에 명석한 두뇌를 가진 능력 있는 여성이었다. 하지만 그녀는 고집이 세고 화를 잘 내는 여자였다. 그녀는 똑똑한 머리를 이반을 비꼬는 데 썼고, 그녀의 능력은 그를 괴롭히는 수단이 되었다. 그녀와 함께 있으면 이반은 남편이 아닌 소나 말로 전락한 기분이 들었다. 이반은 이런 기분을 참을 수 없었다. 그는 신에게 자신의 인생에 세 번째 원고가 있었으면 좋겠다고 빌었다. 신은 웃으며 그의 소원을 들어주었다.

세 번째 결혼 상대자는 앞의 두 부인이 가졌던 장점에 착한 인성까지 겸비한 여성이었다. 결혼 후에도 둘의 사랑은 더 깊어졌고 만족스러운 삶을 꾸려나갔다. 하지만 행복은 길게 가지 못했다. 부인은 중병에 걸려 침대에서 일어나지 못하게 되었다. 병색 짙은 얼굴에는 젊음도, 미모도 온데간데없었다. 그녀의 능력과 똑똑함도 소용없었다. 그녀에게 남은 거라곤 빛바랜 착한 성격뿐이었다.

완벽하고 아름다운 인생을 추구할 권리는 누구에게나 있다. 하지만 완벽을 추구하면서도 완벽이 없다는 현실은 인정해야 한다. 자신에게 한 점의 실수도 용납하지 않는 사람은 자신과의 싸움 때문에 행복과 멀어진다. 지나치게 완벽을 추구하다 보면 결국 아무것도 얻을 수 없다.

지혜로운 사람은 인생의 부족한 부분과 자신의 모자란 부분을 인정한다. 그들은 꽃이 피고 해가 뜨는 매 순간을 음미하며 꽃이 지고 해가 지는 모습도 즐길 줄 아는 이들이다. 그들에게 있어 삶의 모자란 부분이야말로 진정한 아름다움이다.

적절한 모자람이야말로 완벽이다

자신과 남에게 엄격하고 완벽을 추구하며 매사에 실수를 용납하지 않는 사람들을 주위에서 심심찮게 볼 수 있다. 그들은 이미 결과가 훌륭한데도 좀체 만족할 줄 모른다. 그들은 완벽한 부분에서도 결점을 찾으려 혈안이 되어 있다. 이런 사람은 삶이 매우 피곤하다. 그들은 항상 자신과의 싸움으로 몸도, 마음도 편치 않다. 심리학자들은 더 좋은 것을 동경하고 완벽을 추구하려는 원시적인 욕구는 누구나 가지고 있다고 말한다. 만약 완벽을 추구하는 데 있어 적절한 정도가 있다면 삶의 의욕과 노력의 의지가 생기는 긍정적인 면이 있지만, 지나치게 완벽을 추구하면서 이미 완벽한데도 자신을 몰아붙이는 사람이라면 그는 심리적으로 문제를 안고 있는 사람이다.

사실 완벽주의자들이 추구하는 완벽을 진정한 완벽이라고 할 수 없다. 그들이 추구하는 완벽은 개인적인 욕심이다. 그들이 느끼는 근심과 후회는 진정한 성공과 거리가 있다. 진정한 성공은 매 순간 성공과 발전을 즐기는 마음이다.

밀로의 비너스 상은 세계적으로 공인된 미의 절대기준이다. 하지만 그녀는 양팔이 없다. 처음에는 당연히 양팔이 있었겠지만 발견될 당시에는 팔이 없는 상태라 복원이 힘들었다. 많은 조각가가 그녀에게 다시 팔을 달아주려 노력했지만 어떤 수단과 방법을 동원해도 그녀에게 어울리는 새 팔은 만들 수가 없었다. 복원하려는 시도는 그렇게 끝이 났다. 하지만 지금까지 이 팔 없는 비너스상은 우리의 마음속에 절대적인 미의 기준으로 자리 잡고 있다. 팔이 없기에 우리는 끊임없이 상상할 수 있다. 팔이 없다는 그 부족한 부분이 우리의 심미관에 날개를 달아준 것이다.

비너스 상의 부족한 부분이 우리에게는 영원한 미가 되었다! 우리는 삶의 부족한 부분을 인정해야 한다. 마음대로 되지 않는 일이나 즐겁지 못한 일이 생겨도 긍정적인 마음가짐으로 자신이 맞닥뜨린 일을 해결해나가자. 자신을 너무 몰아세우거나, 타인과 다투거나, 주변을 적대적으로 대할 필요는 없다. 사람과 삶은 절대로 완벽할 수 없다는 사실을 잊지 말자. 지나친 완벽은 부자연스럽고 현실감도 떨어진다. 모자람이야말로 완벽이라는 사실을 기억하자.

포기할 수 있는
용기

포기는 나약함도, 실수도 아니다. 삶이 주는 아픔을 내려놓는 건 우리의 권리다. 현명한 사람은 때가 되면 포기할 줄 안다. 완벽한 인생에는 선택과 포기가 있어야 하고, 그 포기는 적절한 순간에 용감하게 내리는 결정이 되어야 한다. 포기가 있어야 희망은 커지고 인생의 완성도도 높아진다. 포기는 새로운 시작이자 또 하나의 선택이다.

포기는 도피가 아니다

선택은 쉽지 않다. 수많은 선택의 기로에서 갈피를 잡지 못할 때가 많다. 선택은 이성적인 취사선택의 과정이다. 정확한 선택이 있어야 바른 일 처리가 가능하다. 선택을 잘해야 불상사를 막을 수 있다. 많은 이들이 포기를 나약한 행동이라 치부하지만, 실상은 정반대다. 포기는 소유의 다른 모습이다. 우리는 더 나은 선택을 위해서 포기를 한다. 용감하고 현명한 포기를 할 줄 알아야 지혜롭고 똑똑한 사람이 될 수 있다.

삶은 선택의 연속이다. 현명한 선택을 할 수 있어야 자신의 운명을 개척할 수 있다. 진정한 포기가 무엇인가를 알아야 아름다운 인생을 꾸려갈 수 있다. 인생에서 좋은 길은 없다. 자신에게 맞는 길을 찾아야 할 뿐이다. 당신의 발밑에는 수많은 길이 있지만, 당신에게 맞는 길은 하나밖에 없다. 선택도 힘들겠지만, 포기는 더 힘들다. 하지만 인생이란 그런 것이 아니겠는가. 하나를 얻고자 한다면 다른 하나를 포기하는 게 인생이다. 자신의 상황에 맞는 현명한 포기를 한다면 당신은 이상적인 인생을 살 수 있다.

엘레나 이신바예바 선수는 장대높이뛰기 여왕이라 칭송받지만, 원래 체조선수였다. 이신바예바는 어렸을 적부터 체조를 좋아했고 세계 선수권 랭킹 안에 드는 선수가 되는 게 꿈이었다. 그녀는 꿈을 이루기 위해서 피나는 노력을 했지만, 상황은 그녀의 뜻대로 되지 않았다. 성장기를 거치면서 키가 다른 선수들보다 월등히 커진 것이다. 체조선수에게 있어 큰 키는 장애였다. 체조에서 필수인 네 번 공중회전을 큰 키로는 두 번밖에 할 수 없다. 경쟁에서 불리해진 그녀는 꿈을 포기할 수밖에 없었다.

이신바예바 선수는 눈물을 머금고 사랑했던 체조계를 떠났다. 하지만 그녀는 세계 정상의 선수라는 꿈은 절대 버리지 않았다. 그녀는 장대높이뛰기라는 자신에게 맞는 종목을 찾았다. 각고의 노력으로 세계무대에 선 그녀는 2004년 아테네 올림픽에서 금메달을 획득하고 세계기록을 갈아치웠다. 2008년 베이징 올림픽은 그녀의 독무대였다. 그녀는 금메달을 목에 걸었을 뿐 아니라 자신이 세운 기록을 다시 한 번 갱신했다. 포기가 그녀의 인생을 아름답게 만들었다.

삶에서 우리는 매 순간 선택과 마주하게 된다. 단번에 정확한 선택을 하기는 힘들지만, 돌아가는 길을 선택한다고 해서 성공과 멀어지는 건 아니다. 그래서 성공하고 싶다면 반드시 포기하는 법과 선택하는 법을 배워야 한다. 물고기와 곰 발바닥을 한꺼번에 얻을 수는 없다. 모든 걸 얻고자 한다면 모든 걸 잃게 될 뿐이다.

포기는 미로를 탈출할 수 있는 출구이자 심리적 부담을 줄일 수 있는 훌륭한 선택이다. 하지만 포기를 무위(無爲)라고 생각해서는 안 된다. 포기는 고집이라고 볼 수 있고 자신감이라고 해석할 수도 있다. 포기에는 이해득실을 따지지 않는 태도와 원망이나 후회를 하지 않는 넓은 마음이 필요하기 때문이다. 포기할 줄 아는 사람만이 변화무쌍한 인생의 여정에서 전진할 수 있고 목적지에 다다를 수 있다.

포기도 전략이다

여태껏 어른들은 일할 때는 시작과 끝이 좋아야 한다고, 포기를 몰라야 한다고 가르쳤다. 하지만 삶의 환경이 바뀌고 있는 지금 우리의 마음가짐에도 변화가 필요하다.

"포기는 또 다른 선택이다."

이제는 우리도 이 명제를 받아들여야 한다. 무엇을 끝까지 밀고 나갈지, 무엇을 포기할지를 정하는 그 순간 우리는 포기도 하나의 선택이라는 사실을 깨닫게 된다.

인생이라는 길에는 유혹이 많다. 포기를 모른다면 우리는 이 유혹 속에서 자신을 잃어버릴지도 모른다. 인생이라는 길에는 욕망도 많다. 포기를 모른다면 욕망의 노예가 될 수 있다. 어쩔 수 없는 일들이 많이 일어나는 게 인생이다. 포기를 모르면 자신만 힘들어진다. 삶의 무게에 짓눌려 숨조차 쉬기 힘들 때 당신은 포기하고 자유롭게 살고 싶다는 생각을 해보았을 것이다.

전쟁이 끝나고 농부와 상인은 황폐해진 길을 돌아다니며 돈이 될 만한 물건을 찾아다녔다. 그들은 타서 눌어붙은 양모 더미에서 쓸 만한 것을 주워 어깨에 둘러메고는 길을 나섰다.

집으로 가던 도중 포목 더미를 발견하자 상인은 양모를 버리고 포목을 주워들었다. 농부는 마음속으로 생각했다.

'왜 양모를 버리고 천을 줍는 거야. 이미 어깨에 잘 메서 가고 있는데 쓸데없이 말이야.'

한참을 가다 보니 이번에는 앞에 은제 식기가 보였다. 상인은 또 한 번 포목을 버리고 쓸 만한 은제 식기를 주워 자신의 등에 짊어졌다. 농부의 생각은 여전했다.

'아니 잘 묶어서 지고 가던 물건을 왜 버리는 거야?'

농부는 어깨에 잘 메어놓은 짐을 풀 생각이 없었다. 그는 양모를 버리고 싶은 생각이 추호도 들지 않았다. 그런데 가던 도중 큰비가 내렸다. 농부가 메고 있던 양모는 비에 다 젖어 쓸모가 없어졌다. 농부는 하는 수 없이 등에 지고 있던 양모를 버렸다. 하지만 상인은 돌아간 후 은식기를 팔아 넉넉한 생활을 할 수 있었다.

삶도 마찬가지다. 하나를 고집하면 다른 하나는 포기해야 한다. 너무 많은 걸 포기하는 게 아닌가 하는 생각에 선택은 항상 고통스럽게 느껴진다. 하지만 포기를 안타까워하는 마음 때문에 인생이 더 무거워지는 것은 아닐까? 지금까지 우리는 포기를 모르는 삶을 좌우명으로 삼고 살아왔다. 하지만 모든 일을 끝까지 할 수는 없다. 상황에 따라 올바른 선택이 필요하다. 포기라는 선택이 있어야 끝까지 해나가야 할 일이 보인다. 포기는 끝까지 해나가야 하는 일을 결정하는 선택이다.

이제 포기가 무엇인지 알겠는가? 사람들은 살면서 너무 많은 것을 원한다. 포기할 줄 몰라서 모든 일을 끌어안고 살아간다. 하지만 이런 삶의 말로에는 얻을 것이 없다. 더 많이 더 빨리 얻고자 한다면, 역설적으로 들리겠지만 포기를 배워야 한다. 포기는 더 나은 선택이 될 수 있다.

쓴소리를 약으로 써라

살다 보면 질책을 당하는 일을 겪기 마련이다. 이때 질책과 훈계에서 자신의 부족한 점과 결점을 발견하고 고치려 애쓰는 사람이 있는가 하면, 질책을 마음속에 담아두고 그 상대에게 복수할 기회를 엿보거나 화를 이기지 못하고 실수를 하는 사람도 있다.

옛말에 이르기를 '거울을 보면 의관을 알 수 있고, 옛일을 보면 흥망성쇠를 알 수 있으며, 사람을 어떻게 쓰는지 보면 그 득과 실을 알 수 있고, 역사를 알면 나라의 흥망을 알 수 있다.'고 했다. 당신의 모자람을 질책하는 사람을 만난다면 당신에게 있어 그것은 큰 수확이다. 그의 질책에서 당신은 자신의 부족한 점을 발견하고 자신을 더 완벽하게 만들 수 있기 때문이다.

질책을 자신의 결점을 비추는 거울로 삼자

듣기 좋은 말을 해주면 입가에 웃음이 떠나지 않지만, 질책이나 훈계를 하면 표정이 어두워지고 기분 나빠하는 사람이 있다. 생각해서 해준 충고인데 기분 나빠하고 적대시하면서 가슴속에 담아두는 사람이 적지 않다. 이런 사람들에게 충고나 질책은 그저 기분 나쁜 안개일 뿐이다. 그들은 충고를 떠올리면 심기가 불편해지고 화가 난다. 편협한 사고방식 때문에 충고를 통해 발전할 기회를 놓치고 만다.

하지만 남의 충고를 기쁘게 받아들이기는 정말 어렵다. 다른 사람의 질책 앞에서 태연하게 이를 받아들일 수 있는 사람은 사실 몇 없다. 막상 이런 순간이 오면 마른 장작에 불이 붙듯 화부터 내는 사람이 더 많다. 힐난이나 비난 앞에서 전혀 동요하지 않고 태연하게 받아들일 수 있는 사람은 존경할 만한 인물이다. 동요하지 않고 연연하지 않는 마음가짐은 쉽게 얻기 힘든 능력이다.

당태종 이세민과 재상 위정(韋挺)은 보기 드문 명군(名君)과 현신(賢臣)이다. 이세민은 아첨과 아부를 일삼는 사람을 멀리하고 현명한 신하의 충언을 겸허하게 받아들이는 사람이었다. 위정은 직언을 서슴지 않았으며 마음에서 우러나온 충언으로 이세민과 함께 유명한 '정관의 치세'를 써

내려간 인물이다.

다음은 그들에 관해 전해지고 있는 이야기이다.

위정이 조정에 나가 당태종의 부족한 점을 꼬집으며 충언을 고하자 당태종은 화가 머리끝까지 치밀었다. 당태종은 참을 수 없을 만큼 화가 났지만 겸허하게 충언을 받아들인다는 이미지에 타격을 받을까 두려워 조정에서는 화를 참았다. 그후 조정을 나선 그는 씩씩거리며 부인 송황후를 만났다. 그는 분을 삭이지 못한 채 부인에게 말했다.

"내 언젠가 반드시 그 촌놈의 목을 치고야 말겠소."

황후는 황제의 말 속에 '그'가 누군지 몰라 물었다.

"황제께서는 누구의 목을 치겠다 말씀하시는 건지요?"

"누가 있겠소, 바로 그 위정이라는 놈이지. 문무대신들이 다 있는 자리에서 걸핏하면 내 체면을 깎아내리며 나를 가르치려 든단 말이오."

황후는 아무 말 없이 황제의 말만 듣고는 물러났다. 이후 황후는 예복으로 갈아입고 다시 황제에게로 와 예를 갖추었다. 당태종은 평소 번잡한 예를 반대하던 검소한 황후가 왜 이러는지 몰라 의아해하며 물었다.

"황후는 어찌 이러시오?"

"영명한 천자 옆에 정직한 신하가 있다 들었습니다. 위정이라는 정직한 신하로 폐하의 영명함을 증명하니 제가 어찌 황제께 예를 다해 축하하지 않을 수 있겠습니까?"

당태종은 이를 듣고 크게 깨달은 바가 있었다.

"황후께서 이렇게 나를 일깨워주었기 망정이지, 아니면 후세에 큰 욕을 들을 뻔했소."

이렇게 해서 명군과 현신은 '정관의 치'라는 역사를 함께 쓸 수 있었다. 그 뒤 위정이 서기 643년에 병으로 세상을 떠나자 당태종은 슬픔을 이기지 못해 눈물을 흘리며 말했다.

"위정은 나를 볼 수 있는 거울이었다. 오늘 그가 떠나니 나를 볼 수 있는 거울이 없어졌구나."

이와 같은 명군과 현신은 중국 역사상에서 아주 드물다. 많은 황제가 좋은 말만 들으며 충언을 멀리했다. 많은 간신이 아첨으로 등용되었고 나라는 천천히 망해갔다. 좋은 말만 듣고자 하면 아첨으로 눈이 멀고 귀가 먹어 결국은 쇠퇴한다.

실책은 좋은 약이다. 당신이 칭찬에 취해 있을 때 질책은 당신을 깨우치게 하는 좋은 방법이 될 수 있다. 물론 좋은 말로 상대의 기분이 상하지 않게 이야기할 수도 있겠지만, 그렇게 하는 데는 한계가 있다. 적당한 찬사는 관계를 돈독하고 가깝게 만들 수 있지만, 듣기 좋은 말만 골라 듣다가는 일을 그르치게 마련이다. 진정한 친구란 당신의 좋은 점을 칭찬할 줄도 알지만, 당신의 모자란 점을 보면 적절하게 또는 단도직입적으로 이야기할 수 있는 사람이다. 똑똑한 사람은 선의에서 우러나온 질책을 자신의 부족한 점을 메우는 기회로 삼을 줄 안다. 그리고 이를 발전의 기회로 삼아 조금씩 앞으로 나아간다.

쓴소리를 삼키면 보상으로 돌아온다

사람들은 진심 어린 쓴소리를 멀리하고 그저 입에 발린 달콤한 말만 들으려 한다. 질책을 들으면 화를 내거나 분노하면서 발끈하는 우를 범한다. 당신을 진정 아끼는 사람만이 당신이 잘못할 때 바른 소리나 쓴소리를 한다. 당신의 눈을 가리려는 사람이나 아첨하려는 사람은 달콤한 말을 속삭인다. 진심이 느껴지는 칭찬과 격려를 들으면 기분이 좋아지고 의욕도 충만해지지만, 듣기 좋은 말만 골라 듣고 비평이나 질책은 듣지 않으려는 자세는 실패를 부르는 지름길이다. 사탕발림은 공격의 다른 얼굴일 수 있다. 귀에 거슬리지 않는 달콤한 말은 당신을 슬며시 함정의 나락으로 빠뜨릴 수 있다.

하루는 소동파(蘇東坡)가 집에서 정좌하고 눈을 감은 채 긴 시간 수련에 들어갔다. 문득 정신이 맑아지면서 마음이 편안해지고 막힘없는 기의 흐름이 느껴졌다. 깨달음을 얻어 경지에 이른 느낌이었다. 그는 붓을 들어 시를 쓰기 시작했다.

'석가모니에 계수하니 불법의 광채가 온 세계를 비추네.

팔풍(八风)이 불어도 흔들리지 않고 자색과 금색 연화대에 단정히 앉아 있네.'

시를 쓴 소동파는 득의양양해하며 서동을 불러서는 밤길도 재촉해 금산사로 가 불인 승려에게 전하라 했다. 이 시를 본 불인은 아무 말도 하지 않고 붓을 들어 두 글자를 적었다.

'방귀.'

그는 이를 소동파에게 전하라 하며 서동을 돌려보냈다.

서동이 돌아가 이를 전하자 소동파는 화가 치밀어 올랐다. 날이 밝기를 기다리지도 못하고 배를 띄웠다. 금산사로 가서 따질 심산이었다. 달빛에 저 멀리서 불인이 강가에 서서 자신을 기다리고 있는 모습이 보였다. 소동파는 배가 아직 들어서지도 않았는데 불인에게 질문부터 던졌다.

"무엇 때문에 내 깨달음을 모욕하는 거요?"

불인이 웃으며 답했다.

"팔풍이 불어도 움직이지 않겠다고 했는데 어찌 방귀라는 한 마디에 강까지 건너오신 게요?"

그의 대답에 소동파는 말문이 막혔다. 그는 부끄러운 마음으로 발길을 돌릴 수밖에 없었다.

슬며시 웃음이 나온다. 우리가 아는 소동파는 호방하고 솔직한 인물인데 실상은 그도 우리네와 다를 바 없는 사람이었다. 우리는 칭찬을 들으면 좋아하고, 질책을 들으면 근심한다. 하지만 바쁘게 돌아가는 인생에서 잘못과 실수는 언제나 있다.

'사람은 성인(聖人)이 아닌데 어찌 잘못이 없을 수 있나?'라는 말이 있다.

우리는 완벽할 수 없다. 하지만 타인의 비평과 질책을 겸허히 받아들이는 태도와 잘못을 적시에 바로잡으려는 노력만 있다면, 삶은 분명 당신에게 많은 것을 보상해줄 것이다.

순리를
따르는 삶

생각할 수 있는 능력은 신이 인류에게 준 은총이자 인간과 동물을 구별하는 가장 큰 특징이다. '인불사불어(人不思不語)'라고 했다. 사람이라면 생각과 사고를 해야 한다는 말이다.

하지만 모든 일을 마음에 두는 게 생각은 아니다. 생각이란 자신의 삶에 긍정적인 의미를 주는 행위이다. 끝도 없는 공상이나 풀리지 않는 문제를 끌어안고 끙끙대는 행동은 생각이 아니다. 사고는 인간의 권리이자 본능이지만, 생각하는 행동이 부담되거나 고통스러운 행위가 되게 둔다면 이는 아둔한 짓이다.

해결되지 않는 생각은 그냥 내버려두자

살면서 생각해야 할 일은 무수히 많다. 그런데 그중에는 생각해도 해결이 안 되는 문제들이 천지다. 그런 문제는 그저 순리에 맡기고 내버려두는 것도 좋은 방법이다. 이런 문제들이 당신의 발목을 잡게 두어선 안 된다. 하지만 안타깝게도 아무 득도 되지 않는 생각에 발목이 잡혀 자신을 더 깊은 수렁으로 몰아넣는 사람이 대부분이다.

생각이 많아지면 고민과 압박이 많아질 뿐이다. 생각해야 한다고 생각하지만, 너무 많은 생각은 부작용이 있다.

중국 드라마 〈내 사랑 모모〉에서 갸선이 모모에게 이런 말을 하는 장면

이 있다.

"이해를 못하겠으면 그냥 다시 생각하지 마. 계속 생각하면 바보가 될 거야."

정답이다. 이해가 안 되는 문제는 그냥 넘겨야 한다. 놓으면 마음이 편해진다. 풀리지도 않는 문제를 부둥켜안고 계속 생각하다가는 답답해 죽을 수 있다. 사각지대에서는 아무것도 안 보인다. 눈앞에 벽이 있는데 어떻게 그 너머가 보이겠는가? 이런 상황에서는 그 어떤 생각도 당신의 마음에 평온을 가져다줄 수 없다.

조금 시각을 바꿔 생각해보자. 당신이 생각해도 해결이 안 되는 문제는 아마 당신이 생각할 필요가 없는 문제일 수 있다. 신이 당신에게 '만능열쇠'를 주지 않은 이유가 분명 있을 것이다. 이럴 때는 생각을 멈추고, 당신의 삶에 이미 있는 아름다운 부분을 보며 즐거워하고, 이미 존재하고 있는 것에 감사하는 자세를 가지자. 이렇게 하면 평온을 느낄 수 있다. 생각을 잡기도 하고 생각을 놓기도 하면서 인생이라는 길을 즐기며 걷자. 아무리 생각해도 이해가 안 되면 그냥 그러려니 넘겨버리자.

생각은 능력이지만 생각하지 않는 것도 현명한 행동이다. 생각해서 해결될 문제들은 하나씩 차근차근 풀어나가면 되고, 아무리 생각해도 해결이 되지 않는 문제는 그저 순리에 맡겨보자. 이런 삶의 자세를 가지면 숨이 막힐 듯한 심적 고통은 겪지 않을 것이다. 자신을 옭아매는 삶에 지쳐 빛바랜 인생을 살아갈 확률도 줄어든다.

생각해도 답이 없는 문제들을 놓을 때 당신은 해방감과 해탈을 경험하고 세계를 바라보는 혜안을 얻을 것이다. 방향을 바꾸면 당신의 근심에 가려진 삶의 아름다움이 보인다.

순리에 맡기면 즐겁다

살다 보면 아무리 생각해도 이해가 되지 않는 사람이나 불편한 일이 있다. 열심히 노력하는 당신 옆에는 하릴없이 시간을 보내며 노력도 하지 않는데 당신보다 시험 성적이 좋은 짝이 있다. 누가 봐도 뛰어난 업무 성과에 직장 동료와 팀워크도 좋은 당신이지만 인기투표만 하면 당신은 지각을 밥 먹듯 하는 동료보다 아래 순위이다. 인생의 반려자를 찾았다는 생각으로 모든 걸 올인했지만, 자신을 울렸던 남자를 따라 뒤도 돌아보지 않고 떠난 여자친구 같은 사람들 말이다.

이런 일을 겪으면 당신의 머릿속은 풀리지 않는 문제와 의문들로 가득 찬다. 당신의 모든 에너지는 이해가 되지 않는 일을 이해하려는 데 소비되고 있다. 이 과정에서 당신은 매일 우울한 기분으로 보낸다. 당신은 빚쟁이처럼 당신의 삶을 핍박한다. 영양가 없는 문제에 답을 얻으려고 좋은 시간은 다 흘려보내고 결국 삶은 망가진다.

이럴 필요가 있을까? 자신을 이렇게 괴롭히면 문제는 풀리는 걸까? 그럴 필요가 없다는 사실을 당신도 이미 알고 있다. 답도 없는 문제는 시간이 해결하게 두고 자신을 위해 즐거운 마음으로 삶을 살아가자.

여자친구에게 차인 젊은이가 있었다. 그는 실연의 아픔 속에서 헤어 나오지 못했다. 그렇게 잘해줬는데 왜 그녀가 자신을 떠났는지 그는 정말 이해가 되지 않았다. 예전의 그는 게으르고 나태한 사람이었고 이기적인 면도 있었다. 하지만 그녀를 위해 그는 아주 다른 사람이 되었다.

초콜릿을 좋아하는 여자친구를 위해 출장지에서도 짬을 내 최고의 초콜릿을 사왔다. 쌀밥을 좋아했지만, 여자친구와 함께 있을 때면 항상 좋아하지도 않는 빵이나 면으로 식사했다. 생각해보면 이런 일들은 한둘이 아니었다. 하지만 그녀는 뒤도 보지 않고 그의 곁을 떠났다. 아무리 생각해도 이해가 되지 않았다. 그는 매일 자신에게 물었다.

"그녀가 해달라는 대로 다 해줬는데 왜 그녀는 나를 떠났을까?"

이런 질문 속에 갇혀 그는 날로 수척해졌다. 어느 순간 그는 나태하고 의기소침했던 과거의 자신으로 돌아가 있었다.

이 남자 이야기에 안타까움을 느끼는 사람도 있을 것이고, 그의 마지막 모습에 탄식을 내뱉는 사람도 있을 것이다. 인생에서는 이와 유사한 일들이 부지기수다. 감정은 이렇게 종잡을 수 없다. 쉬즈모(徐志摩 중국 현대시의 개척자)가 린웨이에게 말했다.

"얻으면 운이 좋아서이고 잃어도 팔자려니 해야지."

하지만 우리 중 과연 몇이나 쉬즈모처럼 호방할 수 있을까?

옛 노래에 이런 가사가 있다. '영원히 왜라고 묻지 말아야 할 일도 있고, 영원히 기다리지 말아야 할 사람도 있다.'

세상에는 답이 없는 문제가 가득하다. 그리고 모든 문제가 꼭 답이 있어야 할 필요도 없다. 이미 충분히 생각했는데도 답이 없다면 그것으로 족하다 생각하자. 이 깨달음을 얻는 순간 마음은 편안해지니 이 편안함이 문제의 답이라 생각하자. 어차피 답이 없는 문제에 골머리를 썩일 필요는 없다.

옮긴이 **이현미**

한국외국어대학교 중국어과, 서울외국어대학원대학교 한중과를 졸업했다. 서울대학교와 숭실대
학교에서 강의를 하고 있다. 옮긴 책으로 〈사마의〉(공역) 가 있다.

인생에 세 번
기회를 만나다

1판 1쇄 인쇄 2016년 5월 9일
1판 1쇄 발행 2016년 5월 16일

지은이 타오샹원
옮긴이 이현미

발행인 양원석
편집장 김건희
해외저작권 황지현
제작 문태일
영업마케팅 이영인, 양근모, 박민범, 이주형, 김민수, 장현기, 김수연, 신미진

펴낸 곳 ㈜알에이치코리아
주소 서울시 금천구 가산디지털2로 53, 20층 (가산동, 한라시그마밸리)
편집문의 02-6443-8902 구입문의 02-6443-8838
홈페이지 http://rhk.co.kr
등록 2004년 1월 15일 제2-3726호

ISBN 978-89-255-5909-4 (03320)